心一堂術

數古籍珍

本叢刊

書名：邵夫子前定終身神數

系列：心一堂術數古籍珍本叢刊 星命類 神數系列 第三輯 299

作者：舊題【宋】邵雍

主編、責任編輯：陳劍聰

心一堂術數古籍珍本叢刊編校小組：陳劍聰 素聞 鄒偉才 虛白盧主 丁鑫華

出版：心一堂有限公司

通訊地址：香港九龍旺角彌敦道六一〇號荷李活商業中心十八樓〇五〇六室

深港讀者服務中心‧中國深圳市羅湖區立新路六號羅湖商業大廈負一層〇〇八室

電話號碼：(852)9027-7110

網址：publish.sunyata.cc

電郵：sunyatabook@gmail.com

網店：http://book.sunyata.cc

淘寶店地址：https://sunyata.taobao.com

微店地址：https://weidian.com/s/1212826297

臉書：https://www.facebook.com/sunyatabook

讀者論壇：http://bbs.sunyata.cc/

版次：二零二一年五月初版

平裝

定價： 港幣 二百八十元正

新台幣 一仟二百八十元正

國際書號：ISBN 978-988-8583-88-1

版權所有 翻印必究

香港發行：香港聯合書刊物流有限公司

地址：香港新界荃灣德士古道二二〇─二四八號荃灣工業中心十六樓

電話號碼：(852)2150-2100

傳真號碼：(852)2407-3062

電郵：info@suplogistics.com.hk

網址：http://www.suplogistics.com.hk

台灣發行：秀威資訊科技股份有限公司

地址：台灣台北市內湖區瑞光路七十六巷六十五號一樓

電話號碼：+886-2-2796-3638

傳真號碼：+886-2-2796-1377

網絡書店：www.bodbooks.com.tw

台灣秀威書店讀者服務中心：

地址：台灣台北市中山區松江路二〇九號一樓

電話號碼：+886-2-2518-0207

傳真號碼：+886-2-2518-0778

網絡書店：http://www.govbooks.com.tw

中國大陸發行 零售：深圳心一堂文化傳播有限公司

深圳地址：深圳市羅湖區立新路六號羅湖商業大廈負一層〇〇八室

電話號碼：(86)0755-82224934

心一堂微店二維碼

心一堂淘寶店二維碼

心一堂術數古籍 珍本 叢刊 整理 總序

術數定義

術數，大概可謂以「推算（推演）、預測人（個人、群體、國家等）、事、物、自然現象、時間、空間方位等規律及氣數，並或通過種種『方術』，從而達致趨吉避凶或某種特定目的」之知識體系和方法。

術數類別

我國術數的內容類別，歷代不盡相同，例如《漢書‧藝文志》中載，漢代術數有六類：天文、曆譜、五行、蓍龜、雜占、形法。至清代《四庫全書》，術數類則有：數學、占候、相宅相墓、占卜、命書、相書、陰陽五行、雜技術等，其他如《後漢書‧方術部》、《藝文類聚‧方術部》、《太平御覽‧方術部》等，對於術數的分類，皆有差異。古代多把天文、曆譜、及部分數學均歸入術數類，而民間流行亦視傳統醫學作為術數的一環；此外，有些術數與宗教中的方術亦往往難以分開。現代民間則常將各種術數歸納為五大類別：命、卜、相、醫、山，通稱「五術」。

本叢刊在《四庫全書》的分類基礎上，將術數分為九大類別：占筮、星命、相術、堪輿、選擇、三式、讖諱、理數（陰陽五行）、雜術（其他）。而未收天文、曆譜、算術、宗教方術、醫學。

術數思想與發展——從術到學，乃至合道

我國術數是由上古的占星、卜筮、形法等術發展下來的。其中卜筮之術，是歷經夏商周三代而通過「龜卜、蓍筮」得出卜（筮）辭的一種預測（吉凶成敗）術，之後歸納並結集成書，此即現傳之《易

經》。經過春秋戰國至秦漢之際，受到當時諸子百家的影響、儒家的推崇，遂有《易傳》等的出現，原本是卜筮術書的《易經》，被提升及解讀成有包涵「天地之道（理）」之學。因此，《易·繫辭傳》曰：「易與天地準，故能彌綸天地之道。」

漢代以後，易學中的陰陽學說，與五行、九宮、干支、氣運、災變、律曆、卦氣、讖緯、天人感應說等相結合，形成易學中象數系統。而其他原與《易經》本來沒有關係的術數，如占星、形法、選擇，亦漸漸以易理（象數學說）為依歸。《四庫全書·易類小序》云：「術數之興，多在秦漢以後。要其旨，不出乎陰陽五行，生尅制化。實皆《易》之支派，傅以雜說耳。」至此，術數可謂已由「術」發展成「學」。

及至宋代，術數理論與理學中的河圖洛書、太極圖、邵雍先天之學及皇極經世等學說給合，通過術數以演繹理學中「天地中有一太極，萬物中各有一太極」（《朱子語類》）的思想。術數理論不單已發展至十分成熟，而且也從其學理中衍生一些新的方法或理論，如《梅花易數》、《河洛理數》等。

在傳統上，術數功能往往不止於僅作為趨吉避凶的方術，及「能彌綸天地之道」的學問，亦有其「修心養性」的功能，「與道合一」（修道）的內涵。《素問·上古天真論》：「上古之人，其知道者，法於陰陽，和於術數。」數之意義，不單是外在的算數、歷數、氣數，而是與理學中同等的「道」、「理」--心性的功能，北宋理氣家邵雍對此多有發揮：「聖人之心，是亦數也」、「萬化萬事生乎心」、「心為太極」。《觀物外篇》：「先天之學，心法也。……蓋天地萬物之理，盡在其中矣，心一而不分，則能應萬物。」反過來說，宋代的術數理論，受到當時理學、佛道及宋易影響，認為心性本質上是等同天地之太極。天地萬物氣數規律，能通過內觀自心而有所感知，即是內心也已具備有術數的推演及預測、感知能力；相傳是邵雍所創之《梅花易數》，便是在這樣的背景下誕生。

《易·文言傳》已有「積善之家，必有餘慶；積不善之家，必有餘殃」之說，至漢代流行的災變說，及讖緯說，我國數千年來都認為天災，異常天象（自然現象），皆與一國或一地的施政者失德有關；下

至家族、個人之盛衰，也都與一族一人之德行修養有關。因此，我國術數中除了吉凶盛衰理數之外，人心的德行修養，也是趨吉避凶的一個關鍵因素。

術數與宗教、修道

在這種思想之下，我國術數不單只是附屬於巫術或宗教行為的方術，又往往是一種宗教的修煉手段——通過術數，以知陰陽，乃至合陰陽（道）。「其知道者，法於陰陽，和於術數。」例如，「奇門遁甲」術中，即分為「術奇門」與「法奇門」兩大類。「法奇門」中有大量道教中符籙、手印、存想、內煉的內容，是道教內丹外法的一種重要外法修煉體系。甚至在雷法一系的修煉上，亦大量應用了術數內容。此外，相術、堪輿術中也有修煉望氣（氣的形狀、顏色）的方法；堪輿家除了選擇陰陽宅之吉凶外，也有道教中選擇適合修道環境（法、財、侶、地中的地）的方法，以至通過堪輿術觀察天地山川陰陽之氣，亦成為領悟陰陽金丹大道的一途。

易學體系以外的術數與的少數民族的術數

我國術數中，也有不用或不全用易理作為其理論依據的，如揚雄的《太玄》、司馬光的《潛虛》。也有一些占卜法、雜術不屬於《易經》系統，不過對後世影響較少而已。

外來宗教及少數民族中也有不少雖受漢文化影響（如陰陽、五行、二十八宿等學說。）但仍自成系統的術數，如古代的西夏、突厥、吐魯番等占卜及星占術，藏族中有多種藏傳佛教占卜術、苯教占卜術、擇吉術、推命術、相術等；北方少數民族有薩滿教占卜術；不少少數民族如水族、白族、布朗族、佤族、彝族、苗族等，皆有占雞（卦）草卜、雞蛋卜等術，納西族的占星術、占卜術，彝族畢摩的推命術、占卜術……等等，都是屬於《易經》體系以外的術數。相對上，外國傳入的術數以及其理論，對我國術數影響更大。

曆法、推步術與外來術數的影響

我國的術數與曆法的關係非常緊密。早期的術數中，很多是利用星宿或星宿組合的位置（如某星在某州或某宮某度）付予某種吉凶意義，并據之以推演，例如歲星（木星）、月將（某月太陽所躔之宮次）等。不過，由於不同的古代曆法推步的誤差及歲差的問題，若干年後，其術數所用之星辰的位置，已與真實星辰的位置不一樣了；此如歲星（木星），早期的曆法及術數以十二年為一周期（以應地支），與木星真實週期十一點八六年，每幾十年便錯一宮。後來術家又設一「太歲」的假想星體來解決，是歲星運行的相反，當時沈括提出了修正，但明清時六壬術中「月將」仍然沿用宋代沈括修正的起法沒有再修正。

由於以真實星象周期的推步術是非常繁複，而且古代星象推步術本身亦有不少誤差，大多數術數除依曆書保留了太陽（節氣）、太陰（月相）的簡單宮次計算外，漸漸形成根據干支、日月等的各自起例，以起出其他具有不同含義的眾多假想星象及神煞系統。唐宋以後，我國絕大部分術數都主要沿用這一系統，也出現了不少完全脫離真實星象的術數，如《子平術》、《紫微斗數》、《鐵版神數》等。後來就連一些利用真實星辰位置的術數，如《七政四餘術》及選擇法中的《天星選擇》，也已與假想星象及神煞混合而使用了。

隨着古代外國曆（推步）、術數的傳入，如唐代傳入的印度曆法及術數，元代傳入的回回曆等，其中我國占星術便吸收了印度占星術中羅睺星、計都星等而形成四餘星，又通過阿拉伯占星術而吸收了其中來自希臘、巴比倫占星術的黃道十二宮、四大（四元素）學說（地、水、火、風），並與我國傳統的二十八宿、五行說、神煞系統並存而形成《七政四餘術》。此外，一些術數中的北斗星名，不用我國傳統的星名：天樞、天璇、天璣、天權、玉衡、開陽、搖光，而是使用來自印度梵文所譯的：貪狼、巨

門、祿存、文曲、廉貞、武曲、破軍等，此明顯是受到唐代從印度傳入的曆法及占星術所影響。如星命術中的《紫微斗數》及堪輿術中的《撼龍經》等文獻中，其星皆用印度譯名。及至清初《時憲曆》，置閏之法則改用西法「定氣」。清代以後的術數，又作過不少的調整。

此外，我國相術中的面相術、手相術，唐宋之際受印度相術影響頗大，至民國初年，又通過翻譯歐西、日本的相術書籍而大量吸收歐西相術的內容，形成了現代我國坊間流行的新式相術。

陰陽學——術數在古代、官方管理及外國的影響

術數在古代社會中一直扮演着一個非常重要的角色，影響層面不單只是某一階層、某一職業、某一年齡的人，而是上自帝王，下至普通百姓，從出生到死亡，不論是生活上的小事如洗髮、出行等，大事如建房、入伙、出兵等，從個人、家族以至國家，從天文、氣象、地理到人事、軍事，從民俗、學術到宗教，都離不開術數的應用。我國最晚在唐代開始，已把以上術數之學，稱作陰陽（學），行術數者稱陰陽人。（敦煌文書、斯四三二七唐《師師漫語話》：「以下說陰陽人謾語話」，此說法後來傳入日本，今日本人稱行術數者為「陰陽師」）。一直到了清末，欽天監中負責陰陽術數的官員中，以及民間術數之士，仍名陰陽生。

古代政府的中欽天監（司天監），除了負責天文、曆法、輿地之外，亦精通其他如星占、選擇、堪輿等術數，除在皇室人員及朝庭中應用外，也定期頒行日書、修定術數，使民間對於天文、日曆用事吉凶及使用其他術數時，有所依從。

我國古代政府對官方及民間陰陽學及陰陽官員，從其內容、人員的選拔、培訓、認證、考核、律法監管等，都有制度。至明清兩代，其制度更為完善、嚴格。

宋代官學之中，課程中已有陰陽學及其考試的內容。（宋徽宗崇寧三年〔一一零四年〕崇寧算學令：「諸學生習……並曆算、三式、天文書。」「諸試……三式即射覆及預占三日陰陽風雨。天文即預

定一月或一季分野災祥，並以依經備草合問為通。」

金代司天臺，從民間「草澤人」（即民間習術數人士）考試選拔：「其試之制，以《宣明曆》試推步，及《婚書》、《地理新書》試合婚、安葬，並《易》筮法，六壬課、三命、五星之術。」（《金史》卷五十一・志第三十二・選舉一）

元代為進一步加強官方陰陽學對民間的影響、管理、控制及培育，除沿襲宋代、金代在司天監掌管陰陽學及中央的官學陰陽學課程之外，更在地方上增設陰陽學教授員，培育及管轄地方陰陽人。（《元史・選舉志一》：「世祖至元二十八年夏六月始置諸路陰陽學。」）地方上也設陰陽學教授員，於路、府、州設教授員，凡陰陽人皆管轄之，而上屬於太史焉。」）自此，民間的陰陽術士（陰陽人），被納入官方的管轄之下。

至明清兩代，陰陽學制度更為完善。中央欽天監掌管陰陽學，明代地方縣設陰陽學正術，各州設陰陽學典術，各縣設陰陽學訓術。陰陽人從地方陰陽學肄業或被選拔出來後，再送到欽天監考試。（《大明會典》卷二二三：「凡天下府州縣舉到陰陽人堪任正術等官者，俱從吏部送（欽天監），考中，送回選用；不中者發回原籍為民，原保官吏治罪。」）清代大致沿用明制，凡陰陽術數之流，悉歸中央欽天監及地方陰陽官員管理、培訓、認證。至今尚有「紹興府陰陽印」、「東光縣陰陽學記」等明代銅印，及某某縣某某之清代陰陽執照等傳世。

清代欽天監漏刻科對官員要求甚為嚴格。《大清會典》「國子監」規定：「凡算學之教，設肄業生。滿洲十有二人，蒙古、漢軍各六人，於各旗官學內考取。漢十有二人，於舉人、貢監生童內考取。」學生在官學肄業、貢監生肄業或考得舉人後，經過五年對天文、算法、陰陽學的學習，其中精通陰陽術數者，會送往漏刻科。而在欽天監供職的官員，《大清會典則例》「欽天監」規定：「本監官生三年考核一次，術業精通者，保題升用。不及者，停其升轉，再加學習。如能黽

（《元史・選舉志一》：「（元仁宗）延祐初，令陰陽人依儒醫例，於路、府、州設教授員，凡陰陽人皆管轄之，

勉供職，即予開復。仍不及者，降職一等，再令學習三年，能習熟者，准予開復，仍不能者，黜退。」除定期考核以定其升用降職外，《大清律例》中對陰陽術士不準確的推斷（妄言禍福）是要治罪的。《大清律例・一七八・術七・妄言禍福》：「凡陰陽術士，不許於大小文武官員之家妄言禍福，違者杖一百。其依經推算星命卜課，不在禁限。」大小文武官員延請的陰陽術士，自然是以欽天監漏刻科官員或地方陰陽官員為主。

官方陰陽學制度也影響鄰國如朝鮮、日本、越南等地，一直到了民國時期，鄰國仍然沿用着我國的多種術數。而我國的漢族術數，在古代甚至影響遍及西夏、突厥、吐蕃、阿拉伯、印度、東南亞諸國。

術數研究

術數在我國古代社會雖然影響深遠，「是傳統中國理念中的一門科學，從傳統的陰陽、五行、九宮、八卦、河圖、洛書等觀念作大自然的研究。……傳統中國的天文學、數學、煉丹術等，要到上世紀中葉始受世界學者肯定。可是，術數還未受到應得的注意。術數在傳統中國科技史、思想史，文化史、社會史，甚至軍事史都有一定的影響。……更進一步了解術數，我們將更能了解中國歷史的全貌。」（何丙郁《術數、天文與醫學中國科技史的新視野》，香港城市大學中國文化中心。）

可是術數至今一直不受正統學界所重視，加上術家藏秘自珍，又揚言天機不可洩漏，「（術數）乃吾國科學與哲學融貫而成一種學說，數千年來傳衍嬗變，或隱或現，全賴一二有心人為之繼續維繫，賴以不絕，其中確有學術上研究之價值，非徒癡人說夢，荒誕不經之謂也。其所以至今不能在科學中成立一種地位者，實有數因。蓋古代士大夫階級目醫卜星相為九流之學，多恥道之；而發明諸大師又故為惝恍迷離之辭，以待後人探索；間有一二賢者有所發明，亦秘莫如深，既恐譏為旁門左道，始終不肯公開研究，成立一有系統說明之書籍，貽之後世。故居今日而欲研究此種學術，實一極困難之事。」（民國徐樂吾《子平真詮評註》，方重審序）

現存的術數古籍，除極少數是唐、宋、元的版本外，絕大多數是明、清兩代的版本。其內容也主要是明、清兩代流行的術數，唐宋或以前的術數及其書籍，大部分均已失傳，只能從史料記載、出土文獻、敦煌遺書中稍窺一鱗半爪。

術數版本

坊間術數古籍版本，大多是晚清書坊之翻刻本及民國書賈之重排本，其中豕亥魚魯，或任意增刪，往往文意全非，以至不能卒讀。現今不論是術數愛好者，還是民俗、史學、社會、文化、版本等學術研究者，要想得一常見術數書籍的善本、原版，已經非常困難，更遑論如稿本、鈔本、孤本等珍稀版本。

在文獻不足及缺乏善本的情況下，要想對術數的源流、理法、及其影響，作全面深入的研究，幾不可能。

有見及此，本叢刊編校小組經多年努力及多方協助，在海內外搜羅了二十世紀六十年代以前漢文為主的術數類善本、珍本、鈔本、孤本、稿本、批校本等數百種，精選出其中最佳版本，分別輯入兩個系列：

一、心一堂術數古籍珍本叢刊
二、心一堂術數古籍整理叢刊

前者以最新數碼（數位）技術清理、修復珍本原本的版面，更正明顯的錯訛，部分善本更以原色彩色精印，務求更勝原本。并以每百多種珍本、一百二十冊為一輯，分輯出版，以饗讀者。

後者延請、稿約有關專家、學者，以善本、珍本等作底本，參以其他版本，古籍進行審定、校勘、注釋，務求打造一最善版本，方便現代人閱讀、理解、研究等之用。

限於編校小組的水平，版本選擇及考證、文字修正、提要內容等方面，恐有疏漏及舛誤之處，懇請方家不吝指正。

心一堂術數古籍　珍本　整理　叢刊編校小組

二零零九年七月序
二零一四年九月第三次修訂

邵夫子前定終身神數　東部

東西部全
南北部全

東

空峒　生辰正月十七日　乾坤剖定賀妻王

山川不改日月長　人比克柔夢一場

元豆　先業克承賴子宮　壽殀吳愚各不同

兒息縱有三兩個　僅江一人送坎中

阴業　八月十六君降体　圑二明月波上生

燕来雁去途中逢　秋水長二一色清

千祥　運引辛丑事不明　大小內外不合情

澜坐守蕉世大害　動作就凣淤泥坑

礼科　先三神數早宫就　礼房之中把身存

八字生来扎等尋　棄了詩去入公門

重復　夾鍾應津仲壽時　綠陰溪雲子規啼
　　　元辰二月初三日　一輪明月照東西

欠工　子宮冬霧數宫真　看末由命不由人
　　　五鳳三桂人皆望　君只兩个送入坟

系白　白帝司权仲秋天　澄泓万里一色鮮
　　　生在八月十八日　丹桂瓢去满御園

好逸　車体謀不趁意　　万般莫世一般佳
　　　運欠辛卯冬有差　蝎務紛紛乱如麻

天禧　四柱暗中陽小藏　荊妻注有有尪妨
　　　若是水土傷官命　或可相偕地久長

大運庚寅多顛倒　是非口舌挽艱逖

理一

小人背地兔暗算　錢財不聚大重耗

寒久

津應太簇壽王臨　靜觀物物皆自報
正月十九君澤查　長空一色迴孔尋

王才

有財世子不為良　命中三子最吉祥
數據有一難以濟　臨老僅以潜一雙

壬貴

桂茇瓢來几枝殘　仲秋佳節明月几
門君元辰是何日　八月十六降臨几

馬方

此命生來甚堪誇　威風凜凜在公衙
先五神數細推算　身居馬班豈錯差

樂天

大運一交已庚辰　是非口舌共相侵
總有蕭何韓信計　謀為不成枉費心

封松

楊柳依々正逢春　和風蕩々隔良辰
算君誕降在正月　二十一日離母身

口沄

有子承先萬事周　命中四子紹箕裘
老来只恨三人濟　宅有六個不能留

力沲

算君元辰在八月　二十二日降世房
南呂司令桂花香　月到仲秋色更光

三奇

同胞弟兄最相関　象壽短長不一般
弟兄雖有唬三故　撇你孤自在世間

命中五子挑雁行　可比燕山竇氏郎

反徑
宅有一人離群去　四子承宗六孔黨

大運一交辛巳中　好似竹般遇狂風

理達
是非口舌重重見　竹杖不宜坐不寧

霧二雲霧碧鏡三　惠風吹動百苦鮮

碣碑
神數細推生辰日　原是正月二十三

太陽西斜日色沉　父親寿短早偕隂

天奇
也是你生一不幸　老母属猴寿禄海

小桂開罷菊芯芳　寒端月影最清光

太勝
问君生辰是何日　九月初九隆母房

梵見

閏有八十自古稀　六子挑列也最奇

宅有一人難聚首　五人承業各自宜

性定

運交庚午事多差　半吞半吐兩中途

慈景招孔生閑氣　心如刀絞乱如麻

柳青色嫩滿池塘　兩攴山川景自芳

飛廉

筭君延降在何日　二月初五子見順

先之神數細搊筭　知君現今在吏房

更科

五リ四柱孔尋覓　棗夏秋冬揎衣裳

東籬菊色蕊枝閑　三秋寒氣渺二束

賓客

筭君生辰是何日　九月初八離母坯

房土
金凡飈之过南宫，菊開芯滿園东
九月十八君降辰，澄泓万里光輝揚

康壮
禽演参令照胆往，先之八卦芐分昭
兒即冬窎前生宅，七子挑列孔等挺

殊途
運父辛来主憂煎，睡外不安坐不宇
撓然不遭大凶事，也妁驚恐破財安

金知
金炉炼成九轉丹，蟠桃会上聚羣仙
生辰二月十五日，波居添筹寿百年

吉邱
同胞弟兄属之倫，看来由命不由人
一根却是两枝萰，数宅不是一母親

後

天綏　白露凝寒結成霜　菊蕊開枝滿園東
元辰九月二十日　好似呵汝降三世

小乙　一羣鴻雁過南窓　細雨紛紛洒夕陽
先天神數早定就　命中四子挑成行

福來　運交庚字不甚吉　申字五爻也不宜
小人背地侵害多　十爻瑣碎難安息

登高　乳燕呢喃繞戶中　淡淡楊柳陰東東
二月十七君降世　滹地迟該頭向東

皁方　此命生来甚堪誇　不讀不耕入公衙
先天神數細推算　現居皁班毫不差

千一　八字生妻運不亨　吉星高照透官星
雖然未列公卿位　依然頂戴在尔躬

天香　小陽氣寒將凝冰　艸木零落三地空
生在十月初四日　地氣下降又氣升

冰白　由東五桂出燕山　承継有此去間瘥
先三神數論子息　君与寶氏邻一般

綺美　辛酉運中多扭捏　多遭是孔慕唇舌
大小謀為不趁心　好似浮雲蔽明月

走變　鳴鳩拂羽桐始茂　舞雩春風喜世涯
三月初五月㞼日　君生塵古振家邦

扁舟　一时八刻大不同　有富有貴有貧窮
　　　幸君前去馮功好　積戴頂在今生

金鞍　津届應鐘属小陽　虹藏不見共履霜
　　　神数算君生辰日　十月初八降母房

劉盡　子宮原是三宮戌　命中六子喜相迎
　　　雁叨挑列不一等　有才有智有愚莊

康太　運交庚戌不為良　日夜馬劳不安康
　　　事務費盡千般力　捱是一个空斷膓

侯子　又圓地方人居中　四季推遷各不同
　　　元辰三月初六日　宛如似子下九重

日月代明不停留

三根地窟陛末周

畛田　三月初九辰降世

波潤三空任悠悠

汪崩　三邊鴻鴈望南飛

九子算來世皆違

富貴貧賤各有命

君當此際有光輝

斗標　生辰十月初八日

寒水凝冰虹潜藏

草木盡脱栖松芳

應鍾初交屬小陽

晝夜焦勞費心腸

咸有　庚子運中不吉祥

庶可保全些大傷

必須守舊莫忘動

瓜匏　五り四柱犯刑傷

太陽失令父先亡

慈母屬雞永壽大

克勤克儉度時光

一四

疫癘　鑿古初分人有生　生在三月十三日　化日遲遲芒光呌　四方凡各不同

栢枝文王百子古今稀　次弟挑列分大小　君有十子也甚奇　富貴矣愚各不齊

遍鎖木葉隕落撐天地空　生在十月初十日　虹藏不見冬朔風　寒氣侵凌四方同

納祥虎豹失時平川地　運行辛亥不甚佳　好似半吞半吐送　鯉魚遭困在泥沙

尸南五行四柱扎尋覓　先三神數細推筹　五行四季換衣裳　一生四季換衣裳　知君宅的戶南房

陰陽五行細推詳　嚴父壽短已先亡

禾口

慈母屬狗壽承永　幽閒貞靜一老孀

界乙

冲犯破不不吉　丟財害病惹禍殃

苦不依法忙祭鎮　準備業消人畜亡

圭利

五行四柱有刑傷　必須不能生兒郎

數據卻有雙桂命　必須納妾立偏房

五泉

鬚髮如霜勁骨衰　兒孫妖三甚可哀

雖然有子不以濟　隔老孫孫承重埋

清融

人生氣數挺由己　壽數短長不一般

七九之歲加一數　風裡灯燄難保全

九合　兄弟皆故三倫安　壽命短長不一般
先三神數早定就　昆中要有踦九泉

獅吼　妻是上房主女童　降落人間甚聰明
只因撞見死亡鬼　半似痴迷半似風

令合　命犯刑傷不自由　一枕鴛鴦不到頭
須赶一個再婚配　方能偶和永世憂
雙親難(兩均)固全

來主　先三神數定根原　嚴君不幸三故早
屬鼠老母享三災
人有子息方固全　奈何你今少兒男

朔西　劝君世永多妥憂　數定晚來一子安

承先啟後賴子宮　乃承遲晚各不同

震滯

五匕四柱喜管宮　晚景二子顯光耀

兄弟原屬同胞親　及茶熟盡是三倫

豆可

八卦挑列分次第　算來算去只二人

父母具存最可樂　不幸早有見閻羅

剗兀

神數推算核去父　母親屬狗保太和

父世具存人生樂　保備堂工不太和

元參

數推嚴君先降考　慈世屬牛來壽參

寿元長短本天宮　人生謨不望選來

界析

數言不到知命地　五九加四起九泉

滋原　神數詳推此刻人　命中應該尅父親

慈母屬虎壽延永　嚴父早已離紅塵

駱王　鴻雁高飛羡池羽　三人挑共列可許

兄宜盡友弟宜恭　崛美河東三鳳侶

九甘　三地氣氤化生人　箕束子息是前因

老蚌生珠氣數言　從使早立也難存

勃起　閑束些事作生涯　一心只想住公衙

別的班房你不住　住在步班養活家

鱗翁　　　張池　　　可卷　　　來遊　　　舞禾

父母具存有同心
慈母屬就壽來永
子息參寥命宮真
尚有几个承宗嗣
人生禀命自三宮
八九之數少一歲
自古相傳四不号
壽自九之零一歲
諕在蕭湘諕在吳
先三神數細推算

不幸你父先垌陰
可比南山松柏均
壽殀矣愚不由人
看東不是一般款
壽數短長不一般
三、祿永終焗九泉
彭祖八百問火来
寿同梁瀨中壯元
諕人像貌如画圖
知君是个羅眼翁

條清
命犯神箭最可傷，災肯一支怕害瘡。
若不依法先除解，難免半路令親娘。

魂失
命犯送魂鎖須開，若還不閒宅主災。
熱睡瓹一旁哭，咬牙準備土裡埋。

大魔
這個晁怪孔尋覓，蓬頭赤脚面皮亥。
飢餐骨髓渴飲血，畫藏門角夜卧床。

志道
人若万般皆山品，你今讀书最為高。
由末孔子重芙豪，党把文章教子曹。

寶全
鋪面門攤作何生，各樣雜貨甚精明。
投定茂束此贵责，四波文遊最子凡。

現今莫問病何如　用神棒體危險多

囬青　等閑若因束束鏵　方勉一塲好悲歌

此命的：有功名　何故囬～去落空

坏名　只因沖犯硯台熊　不祭打絞不仍成

底灾　血氣苦不～不可言　沖犯身体不安康

觉：嗽嗽又喘吐　不祭不久見閻王

命犯勾絞塟可偽　是孔口舌闹壞～

不利　若不依法早禳祭　只悲目下動悲偽

五官百骸遺些答　父母遠休不自由

高内　先三八卦細推算　知君面上有一痕

知味
五ケ四柱財運強、
神數推算列奉巧
人家飢餓束投你
應時饅飯最委着

户北
八字生來頭角芳
安日出入在公堂
有人完糧湏用你
現今該在户北房

居東
此命生來得孔堂
算來該在户東房
若有過粮稅契者
聽說一叅你先忙

丘方
斷有三班並ハ房
邵是四季換衣裳
先ニ神數細推算
知君居住在兵房

豐户
此命生來不尅克
離却诗去在公堂
先ニ八卦細推算
知君必是在吏房

邵夫子前定終身神数 南部

南

八字生來顯貴星　身逢財旺功名成

增冗

雖非副榜恩選　損貲也是一貢生

交情

小陽月令萬寶藏　東西南朔分四方

元辰十月二十日　湛二白露結為霜

將終

卯時七刻犯命關　父母已定不周全

妻宮注定必有壽　時真刻定好論談

可依

算君生辰在二月　好鳥枝頭應和鳴

桃花開放滿園紅　二十八日出胞中

酉時七刻性剛強　不幸父母俱喪亡

查直

妻宮應該小發歲　昆玉行中有刑傷

水旺

五行四柱各局清

姓字雖無列金榜

財旺生官顯崢嶸

身為州同也非輕

歸典

律轉應鐘氣迎寒

木葉盡脫物猶殘

數定生辰在十月

二十二日身落九

白易

運交丁丑不可言

梟神五鬼暗相纏

不是破財生災疾

便有官詞口舌連

過別

丙申運裡災星臨

口舌是非常相侵

六畜不安人口病

破財失物難我尋

東夷

乳燕呢喃桐始華

碧桃朵朵映日斜

誕降二月三十日

光天大化景色嘉

日月代嬗有推遷　作詐成易不一般

遠尺　算君元辰在十月　二十四日降臨庀

金剛　財星隱伏四柱含　應該貨植市井間

卜式陶朱為事業　五洲四海發財源

子遺　辰時七刻主孤單　不幸父母喪九泉

妻小三四方係守　子宮水火閏月年

鳴竹　春光布護艷陽天　蕩蕩和氣景色鮮

正月初十君降離　瑞繞畫堂喜無邊

无易　丙寅一運不堪言　五鬼喪門晝夜纒

常遭口舌惹怨恨　更多患病身不安

市中　禽演數中早著明　五行四柱辨得清

算君元辰在十月　二十六日母降生

釵定　五行四柱裕局清　先天神數早著明

身遊泮水為秀士　高升又是一貢生

戌時七刻命多硬　不幸父母喪了命

持載　妻在子有無弟兄　方是此刻好論定

潵藥　東風解凍草木萌　春日逢三景色融

先天神數細雅算　正月十二君降生

異平　大運一交至丁邜卯　諸事瑣碎無一好

夜間常做幽惡夢　白日應酬多顛倒

拟軍　家中人口多瑣碎　萬事不順奈若何

名從　正月十六君降骸　昨夜元宵記不真　謀為犬小不快活

連月　慈母隨人另改嫁　桃符萬戸盡更新

己盡　妻在子有方合數　火樹銀花樂芳辰

四次詳推生辰十一月　椿萱並養樂天倫　艱辛苦立自成人

己時七刻犯刑冲　不幸父母早歸陰

十四之日落塵凡　不然此命難以評

寒風飄飄屬九天　蕭踈慘淡遍山川　一雙父母赴幽冥

赤口
黄鐘應律屬仲冬　寒氣凛烈到處同
数定君生十一月　十六降入母房中

喝采
亥時七刻弟兄有　妻子好合不長久
父母一雙都去世　祖上宏基难保守

令低
鴻雁同群最為良　手足全美是吉祥
不料半路有乖疾　同胞之中見殀亡

吹噓
春日進之氣化舒　惠風和暢樂有餘
正月三十居降魄　合家慶喜幸何如

歪曰
運交丁巳折磨多　破耗攪擾奈若何
不是丟財惹閒氣　便生灾疾不快活

斗矢　不是人口多疾病　便要破財惹禍殃

天安　謝簪致仕歸田里　辛勤勞苦日夜忙
　　　丙午運中事業荒　一路福星上天梯

天中　午時七刻弟兄多　二十六日降人間
　　　八字生來格最奇　官居朝右人難齊
　　　正月十四君降誕　月忌之日亦芬芳

洪爐　一枕鴛鴦同歡娛　子宮閏月免離歌
　　　太簇應律啓東皇　桃符已換轉三陽

將興　生辰數定十一月　暑往寒來有推遷
　　　八方風氣不一般　二親不缺共太和

早立

天地氤氳化育成　水泉動時鵰不鳴

時值嚴寒十一月　二十八日居降生

孔喬

子時七刻最為奇　尅父妨母不刑妻

同胞頃有過門者　方與此朝無差殘

降流

八方風氣各不同　時屆仲春日和融

二月初二居降誕　好似平川起蟄龍

連川

父母俱存歡樂歌　今止不幸柰若何

雙親相繼皆亡故　安關時少苦勞多

申言

大運一交丁未中　雨裡殘花風裡灯

喪門吊客常打絞　是非口舌不安寧

山川草木盡凋殘　翠柏蒼松耐歲寒

損算君生在十二月生　初八之日降臨凡

由未附七刻最難言　尅父妨母好傷慘

我叨兄弟豈有不得力　惟賴妻子整家緣

兩子運中事多差　日夜辛苦乱如蔴

呪喃身休不安常生病　大小事兒少光華

雷声發動仲春和　草木森森堪吟哦

脫目生辰二月十二日　门迎祥瑞吉慶多

兄弟無故最吉祥　今有先人过门墙

分阻手足不能共一處　同胞反成兩爹娘

勿視　寒梅初綻滿園香　湖風吹送過南窓
　　　推算君庄是何日　臘月初十子見娘

塞責　丑時七刻定原因　父母已定早歸陰
　　　一対鴛鴦無刑尅　方見此刻定的真

佹焉　運交丁亥事多凶　喪門吊客常相逢
　　　眼看真是明光路　樹頭黄鳥開聲嚷

鳳花　海上明月缺將圓　舉步郊入是非坑
　　　元辰二月十四日　月忌之日降人間

安居　沖犯天哭最難當　一陣昏送一陣狂
　　　不是執刀傷人命　便遭水火大灾殃

令憲　此命生來非等尋
　　　男兒身貴為官宦

閑原　三冬嚴寒霜雪臨
　　　神數算君生辰日

擎天　申時七刻日光明
　　　妻賢子貴耀門戶

雅快　運定兩戌事難言
　　　是非口舌朝二有

陸佳　姑浣應律化日長
　　　元辰三月初二日

財官印綬並食神
堂之誥封一夫人
孤松嶺工顯精神
臘月十二離母身
父母己空犯刑冲
不合此數難論評
扭捏不順多攬罎
還要夭亡破財源
桃紅柳綠好風光
和氣吹動草不香

淑恭　　身居偏房有令名

五行四柱貴非輕　　祖鈇之中顯啼號

光男人間一官宦　　傳來一信透春光

欠息　　數定居身降母房

寒梅開放滿園香　　父母一双俱冠刑

臘月十四月忌日　　百般疾病來纏身

欽若　　方定此刻無移更

寅時七刻日將升　　事躰不順心神亂

大定　　盜賊屢次常相侵

丁酉運中星星臨　　萬卉發生色正鮮

一枕鴛鴦恩愛好　　三月初四落塵凡

沈咬

四季輪流春為先

神數算居生辰日

安居　四柱暗犯短命關　梟神五鬼常相纏

揆然強活十二二　不用鎮法壽不堅

樂逸　夫婦人道首天倫　妻宮屬蛇是良姻

月老紅絲曾管定　一世和合敬如賓

义格　龍見於野其道窮　少年功名未得成

六旬九歲青雲步　八十一上天祿終

不二　一世清閒認道遙　生來志氣與天高

清堂金玉人難比　壽辛八旬臥荒郊

逆全　人生玉福壽為先　老當益壯精神添

選　齡七旬有九歲　芳声播著四海傳

寅瘅

白虎星杀入命來　生下孑宮定主災
若不依法忙鎮祭　個個見郎土裡埋
抽了柱石倒了山　拉的簿羅斗動弹

吀戾

死了小孩不打繁　還恐他母难保全
命中有子不坐胎　夢裡長見小英孩

不生

幾番英孩來投母　空亡獬門進不來
难闖四八舍親娘

少戾

命犯趷壽不从長　準備懒哭有幾塲
若不依法忙破解　婦人懷胎必住怪

長吐

牛下麒麟馬下多　五鬼分尸八下賣
單等一聲沉雷响

女魔
時逢陽宅並七杀
只因撞見陰靈鬼
無心做活懶料家
打綯心思亂如麻

杏壇
博覽詩書學問精
朝講夕論誨不倦
幽齋穩坐自有朋
人人稱你好先生

足食
入君鋪飢渴交迫
食美遠招千里客
出君鋪鼓腹舒懷
羹香廣聚四方財

禹惡
過客聞香頓下馬
洞濱問酒何處好
行人知味且停跡
李白回言此處高

血災
此煞若還不早破
沖犯血勞氣不和
不久定要見閻羅
撐脹只在兩脇窩

老飛

飛廉入宅主不祥　丟財惹氣大遭殃

若不依法忙鎮送　六畜不安犯重喪

化育

冲犯五鬼來化胎　夢裡長見小英孩

英孩幾次來投母　五鬼立化甚可哀

死妄

混之混之常似夢　定主大病現臥床

五鬼入命非吉祥　服藥無功須除殃

天危

此運冲犯破敗星　丟財惹氣不安寧

若要依法忙鎮祭　庶免目下動悲聲

穴突

此命往來情性剛　怨往開氣尋無常

若不依法早破解　準脩投井一命亡

少殤　此命刑冲駁壽殺　縱然躲過歲流年　身上破定黃金甲　難關十七與十八

佳會　苦不依法忙除送　美人星杀入命宮　夜夢交合空失精　準備虛勞一命傾

稏車　此命生來遇吉星　妻宮妻配己酉丑　衣服食祿有餘榮　安享榮花樂無窮

文成　寒窓攻苦數十載　雖然未得鬼名中車　洋水池中任往來　己是龍門一秀才　人生壽命不一般　有長有短各在先

短流　雖然大限猶未到　現今己是短命閣

飲酒

東風吹送一枝梅
妻宮屬狗庚戌相

鴛鴦匹配在羅幃
釵鑷命金壽齊眉

小圍

子時二刻最為良
友恭各盡家和順
春光明媚花正開
妻生屬猪年辛亥

兄弟三人不成叭
昆玉行中自生香
鸞鳳相交會蘭台
釵鑷全命百福來

一女

偏邦

丑時二刻雁南飛
富貴貧賤各有命

兄弟七人列庭幃
君降此際甚光輝

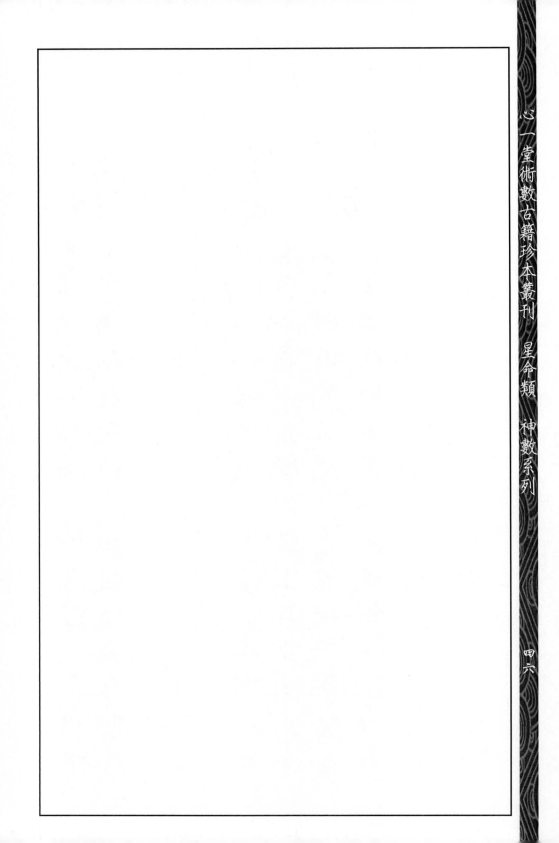

邵夫子前定終身神数 西部

西

雍容上契修己正遇辰　九宮八卦細推尋

詳叩君家何日降　三月初十母生身

大運甲寅不可當　家中瑣碎多災殃

效孟不是賊人來偷盜　就要生病害長瘡

先業克承賴子宮　妖壽賢愚各不同

元豆兒郎縱有三兩個　僅得一人送君終

四季輪流近上元　寒來暑往有推遷

明德問君誕降是何日　十二月中在十三

運至壬午不甚寧　百般事務難趂情

數行蛟龍困在陂池內　虎豹陷入網羅中

留伶
元辰三月十二日
桃花開放滿園紅
和氣洋洋四野同
池塘柳絮飄長空

反側
乙卯運中不吉詳
周圍象犬俱相咬
猶如虎豹在平陽
舉步無處去躲藏

欠工
子宮多寡先天定
看來由命不由人
五桂三鳳人皆望
摯鳥休巢飛上懸

併建
算君生在十一月
二十五日落塵凡
胡風凜凜透骵寒
君只兩個送入坎

壺範
壬子運中不吉詳
交關多有是非場
辛勤勞苦無一羨
可幸還無大災殃

腕�四柱生來有殘破
　　若問殘破何處生
　　　　　　　　　　五行定就無差錯

玉宛　一歲之基在三春
　　　　　　　　　　神數算來在肬脖

劉芥　三月初六君降誕
　　　　　　　　　　惠風和暢最可人

特奠　運交乙丑事多迷
　　　　　　　　　　好鳥枝頭鳴好音

　　　殘羊觸藩難退進
　　　　　　　　　　百樣謀畫盡不齊

冰立　神數先天定的真
　　　　　　　　　　三寸魚兒困沙泥

　　　父親屬牛春長在
　　　　　　　　　　椿萱享壽有淺深

　　　先天神數細參合
　　　　　　　　　　尅去母親先歸陰

　　　隨母嫁主作繼父
　　　　　　　　　　不幸父早見閻羅

　　　　　　　　　　　爹娘后成一翁婆

中冲

沽洗司律號令辰　狂士乘風浴水濱

元辰三月初八日　和氣洋洋際光陰

大運行來到甲申　百般事�‍肭不遂心

弗停

日夜焦勞生疾病　過此十年喜來臨

獨承

先天八卦細推尋　看來由命不由人

母親先七歸陰路　撥下屬鼠老父親

方面

暑去寒來有推遷　四時輪轉不一般

君身生在十一月　二十七日降人間

梅花飄香氣味新　萬里長空布彩雲

了然
八卦先天細推算　臘月初七居降身

大運行來到甲辰　行止坐臥有梟神

難永
十年之中多攪擾　大小謀為不趁心

布政
日暖紅鮮遊小沼　氣和百鶴舞長空

元辰二月十六日　祥光充塞滿門中

一則
父母之恩重如山　須學古人孝當先

父親屬虎春長在　慈母早已歸九泉

大運行來至癸丑　吉祥之兆並無有

董晟
樂天知命免災殃　此運十年須僅守

債見　寒梅開放滿園香　北風吹送過南窓

殺朝　大運行來到乙己　臘月初九子見娘

　　　不是生瘡疾病多　便遭口舌惹閒氣

　　　　　　　　　　　　作為件々不如意

姓坤　日月往來天地長　人生好似夢黃梁

　　　問君延降是何日　二月十八子見娘

宜懷　母親先去歸陰路　雙親不能保周全

　　　壽年長短穩田天　嚴父屬兔壽延年

立刀　甲午運中不甚強　大小內外多憂愁

　　　六畜不安人口病　生些災患無大傷

黃鐘司令氣嚴寒　嚴發慄烈澈地天

四馬　定居生在十一月　算來算去是十三

亘古百川向東流　父母生身是根由

永言　嚴父屬龍依然在　尅去母龍壽不周

夾鐘應律野馬昭　四野空中柳絮飄

音抉　元辰二月初四日　神數定就不差毫

大運行來至壬寅　百般謀應難遂心

分妹　甘朴守拙莫妄動　此運一過喜相臨

乙未運中最憂心　其莫怨天莫尤人

則華　交此十年多瑣碎　過去此運喜相臨

言牙
寒氣逼人在仲冬　嚴霜在葉比花紅
算君元辰十一月　正當十五降母宮

覆念
五行禀命父母宮　南山松栢永青々
父親屬蛇春常在　慈母先去赴幽冥

酉酒
北辰穩坐在中天　二十八宿四面環
詳推君生是何日　二月初六落塵凡

奇殘
五官四體君皆全　何故數推有破殘
先天神數細推算　翹奇只在互后泉

有那
甲子運中不太和　喜事常少憂事多
大小內外無一美　逢此十年受折磨

何其

乾坤蓋世遠迢迢

算君生辰在十月

王母眾仙會蟠桃

二十三日降母胞

先失

堂上雙親壽不齊

父親屬馬顏貌壯

青松翠柏兩相宜

赳去母親淚悲啼

返迪

大運一交癸卯中

夜間思想千條計

百般謀慮不遂情

白晝都成一場空

珍羹

三陽開泰和風至

生辰正月十八日

柳陰深處子規啼

習習和風迎面吹

仰觀

運行乙亥事不強

男兒在外多敗坏

門內人丁有定數

還恐門內人口傷

孤名青松翠　栢鬱時休　堂上雙親福不周

父是屬羊在塵世　母親先去臥土邱

朗甄無極太極生兩儀　先天八卦分偶奇

生辰十一二十五　神數推來無差移

通利　惠風和暢天地清　節候不興四時同

遠山暮靄近甸服　生在正月二十中

東風苒苒吹枝斜

遠條萬物發繁景色佳　二十二日無差錯

算君元辰在正月

壯麗交運甲戌日夜忙　忙來忙去費心腸

疾病縈身不了利　口舌是非难躲藏

統一大小事情難遂意　　身中梁病不安然

祇敬太簇應律月建寅　　禽鳥枝頭送好音

生辰正月二十四　　草木發祥氣色新

乙酉運中不可言　　梟神五鬼常相纏

安命大運行來至壬辰　　大小事骵亂紛紛

心焦謀亂不寧靜　　半憂半喜度光陰

何其命中注定妻屬虎　　魚水和諧百事休

男女居室是天倫　　陰陽配合不由人

子立父是屬猴尢陰好　　母親先去歸西天

人生難保百年安　　堂上雙親福不全

朗甄不孝有三無後犬　遲早多寡冬不同

養下早子不能保　晚景雙桂承嗣宗

單教五行四柱細妥排　親壽短長命所讓

父是屬豬多年壽　母親先去赴幽台

桂村細推元辰在十月　萬物收藏各告成

覆霜時將堅氷凝　二十一日你降生

耆一神數先推父母宮　壽歲短長冬不同

父是屬雞春常在　母親先歸陰府甲

失照序至小陽初迎寒　草木寒霜色無顏

生辰十月十九日　好似蛟龍不九天

隻耆

五行禀命在先天　堂上雙親犯孤草

屬狗父親諒有壽　母親早已歸西天

山葉

梅香飄二氣色新　湖風透骨嚴寒侵

元辰本是十二月　十一之日離毋身

晚杀

埋見杀向命中生　子息初年定不成

若肯依法先禳解　老來可保一子寄

辭直

大運行來到癸巳　多招口舌惹閒氣

雖然不大有損傷　撞是難得事如意

朗欽

青松翠柏耐春秋　算定妻宮是屬猴

也是月老曾管定　夫偶婦隨咏河洲

咸洽運行交至壬戌間　閑是閑非莫近前

弱骨神數算君多疾病　糊裡塗裡這十年

骨體頭暈眼黑時嘔吐　夜夢咬會常失精

有猷壬申大運火安寧　不逐狐羡葯無切

甘朴守拙免遭禍　強為定入荊棘中

同歸運行癸未主平平　百樣謀為不趂情

眼看俱是明光路　翻身却入淤泥中

數定君妻犯刑傷　神數確然可依從

畦凉早娶一個死一個　小配逢娶兌冠妨

早娶兩個死一雙

煠影　癸酉運中不甚強　百端事躰多遭殃
一事未了又一事　一塲不完又一塲

奸細　命犯瞎害寶可傷　親戚明友必賢良
若不毒手鎮壓他　禍端百出非尋常

申禍　日夜費盡千辛苦　事務三乱如蔴
運交癸亥事多差　百般無有一般嘉

俗曾　神數先天細推詳　人生最喜聲名揚
二十二歲吉星照　此時身拜明倫堂

文成　先天神數定的真　泮水池中怱早到
八字生來吉星照　二十三歲大榮耀

璧雲連理枝頭並帶花
妻室重：福祿加

聚妻妾小屬蛇相
防備舌根禍生芽

一根燕語鶯啼趣意情
鴛鴦交頸應和鳴

配妻屬猴庚申相
柘榴木命福祿榮

風雨只因撞見陰靈兒
花柳逢春遇清風

辰時二刻最顯榮
首是歲末卻不成

此命的：有功名
向故數推只是空

弟兄六人天恩重
巧拙剛柔分富窮

令中並頭蓮花蒲池生
一對鴛鴦向水鳴

妻宮屬雞辛酉相
柘榴木命大興隆

心一堂術數古籍珍本叢刊　星命類　神數系列

六六

邵夫子前定終身神數 北部

北

干住　桃紅楊綠景色鮮　　上已修禊自古傳

生辰三月十三日　　鵁鶄拂渼燕呢喃

晉　天有四時人有運　　百般事情要謹慎

是非口舌常相加　　一交戊子不堪問

觀止　乙丑運中任卷舒　　不負寒窗苦居諸

泮池初步許宮樂　　明倫堂上稱髦儒

列鼎　乾坤包含月光天　　雪裡尋梅耐歲寒

生辰臘月十五日　　胡風霜降滿欄杆

元

深消
碧桃綻藥滿園紅
四塞調和鼓惠風
會演合推八卦數
三月十五君降生

夭爻
運交巳丑不堪言
疾病口舌常相連
家中事情多瑣碎
男予外邊也不安

昜剄
運至甲寅事業成
奎星高照主亨通
昔年受盡寒窓苦
此際遊泮入芹宮

尭
朔風凜凜遇仲冬
雪裡送梅年又豐
元辰止當十一月
二十九日降母宮

撡
四樣不足古今傳
彭祖八百問少年
壽至六九又六歲
枝鄉之數喪九泉

薰　先天神數字吉詳

　　慈母嫻居矢貞志　　　永保天祿度時光

　　南極注定在命宮　　　北斗落花壽元終

銳　生辰四月十九日，　　來船海上遇順風

鞍　運交乙卯氣象新　　　龍飛鳳舞好光陰

　　洋池有路終身到　　　已兆從龍這十春
　　　　　沙

受山　戊寅運裡不吉詳　　　費心勞力空斷腸

　　閒行樣眼鑽禍事　　　還恐人丁有損傷

屍　萬里乾坤帝色光　　　喜得秋牧又冬藏

　　生辰十月二十七　　　感風凜：四野揚

　　　　　　　　　不幸父親喪黃粱

十
怪哉怪哉真怪哉
五行四柱巧安排
人家拾物拾財帛
偏你拾個小英孩

祿
刑算宅元辰在四月
四望清和萬里晴
南山當戶最分明
二十一日你降生

莘
甲辰大運有光耀
遊洋採芹無背違
志氣昂く得意同
十有作為九不成

臬
贊宮列名抔秀士
運交巳邵災害生
十有作為九不成
合家大小不安寧

魯
澋神五兔常繞乱
冬景風末八面吹
雪裡梅花有光耀
生辰正當十一月
十七之日無背違

大運行未到戊辰　出入內外遇凶神

君輅　小心安排無大禍　揣是顛倒乱紛紛

甲申運中大吉昌　百事隨心姓字揚

來賓　洋水初遊稱秀士　不員功苦在寒窓

滿樹梨花待雨朔　東風吹動一枝梅

常有　先天神數里宅就　三月十七離母懷

朔風凜凜透體寒　虹藏不見十月天

朔市　算君生在二十九　日主榮花月主安

天清

大運一交至巳巳　多遭是非惹閒氣

不是破財就生病　百般事兒不如意

乙未運中奎壁臨　交関動作顯功神（精）

其同

芹宮有綠身遊泮　不負寒窓功苦深

癸邑

桃花開放杏花香　楊柳枝上盼夕陽

生辰三月十九日　牡丹花開子見娘

占吉

五行四柱格局清　宮思印綬著分明

先天神數早注定　身帶自然有功名

子越

五行四柱注分明　神數推求無錯更

元辰本是十一月　正當初一你降生

鶺鴒不鳴虎始交　神數推算無差毫

隱見　元辰本是十一月　初三離卻母懷胞

不二　運交乙巳好風光　喜氣迎門福祿康

福至心靈多順利　泮池得意声名揚

千色　父子箕裘接統緒　衣冠不敗舊家風

老之英雄見好漢　強將手裡無弱兵

起向　上苑葵花新發榮　麥秋至兮王瓜生

四月初七君降體　玉景堂前顯光明

地寧　戊午運行奈若向　吉祥偏少凶悲亥

扭扭捏捏不順遂　十年無日得快活

金聲　運行申午事如何　喜氣洋洋吉慶多
　　　身列黌宮稱秀士　明倫堂上任婆娑
鑾金　鳳立高崗鳴好音　乾坤交泰屬天倫
　　　配定妻宮屬龍相　魚水和合是良姻
緩舒　崇楝花詞似金黃　喜鵲枝上爭梅秀
　　　生辰四月初九日　一輪明月照沙窓
天軍　日出東山月生西　堂上雙親壽不齊
　　　嚴父先歸陰曹府　老母屬龍志不移
充味　于宮多寡有奇魁　神數算來無差毫
　　　命裏只該一佀子　操心掛意枉徒勞

仇行隆冬凜烈雪花飛　青松寒梅兩相依

元辰生在十一月　十九之日是生期

遇際運行一交至巳末　終朝每日慧鬧氣

家中人口不安寧　大小事見難趁意

甲戌大運有發興　此時福堂上標姓

章　泮池得意精神爽　明倫堂上標姓名

勤　鹿角方解蜩始鳴　反古無声半夏生

元辰五月初一日　附近端陽佳節行

馥

萱堂昔構賴子宮　奈何育子过门庭

只因兄弟丕子息　分取児郎嗣他宗

夫婦五倫非等輕　下閩後嗣上閩宗

柔顧

數推妻宮是何相　注宅属猪亥年生

大運行交乙酉中　怀抱珠璣顯興隆

囍

雷声振動千里曉　身入泮池步芹宮

問君几时落慮凡　五月初三不虛傳

顯

时逢端陽臨近日　艾虎靈符门上懸

彼義　一輪明月出雲端　松柏青之傍遠山
生辰五月初五日　端陽令節降人間

難幷　運行甲子顯峥嶸　事情順利有發興
身入芹宮遊泮水　明倫堂上標姓名

地側　大運一交至戊申　出入動遇喪门神
不但事情不趨意　家中還怕損傷人

不二　命犯傷刑最可憐　雙親堂上不周全
不幸父親歸陰府　老母屬羊寿近年

同月　子息宮中先天定　命該二子承嗣宗
自幼至老風光好　宗享榮花永吉貞

秋容

月令難賓號天中　榴花開放照眼紅

生辰五月初七日　悅景榮花福祿隆

二酉

巳亥運中事非常　盈門有爛喜洋洋

昔年攻苦天不負　身入洋水姓名揚

攸當

巳酉運中事業忙　紛紛蝟集乱心腸

百般疾病纏身體　家中走口不安康

難角

着病下薬還數你　提筆寫方不讓人

明是當年醫国手　而今成了濟世心

丑初

松柏青々歲月深　梅花開放雪花浸

生辰臘月初一日　試着綠竹又生照

寒風颼颼雪花飄　冬嶺孤松秀不離

垂虻

算君元辰十二月　二十一日離母胞

通司

人丁不利則耗散　吉星退去凶星來

運行己亥多生災　惹生閉氣不和諧

五行四柱犯辰孤　伯叔膝下子皆無

不則

無奈一身承三嗣　挺之人祠一大夫

挺奇

鴛鳳結交非偶然　陰陽相配在先天

誠問妻宮是何相　原來屬兔生邸年

妻定

日月往來不停留　搏瞬已过數十秋

六十一歲大限至　七九都還少二週

念者
胡風凜凜秀九天　松柏青青耐歲寒
生辰本是十二月　十九之日降臨凡

俱諧
戊戌運中合有傷　大小事情不順當
佾諧男子外邊多口舌　人口家中不安康

不則
神數不比麻衣相　五行四柱把你諒
此叶此刻定的真　配夫必從是石匠

有道
八字不幸喪雙親　中年喪妻老喪子
零丁孤苦長成人　送終拜孝惟賴孫

危疑
藏小雀微不如鴻　寒風咬綻梅花榮
騰月十七君降體　堂前暮景大崢嶸

五行四柱犯孤單　與依無靠立塵凡

武谷

伯叔膝下乏子息　一身權把兩門全

連三

先天神數定命宮　你與傍人不相同

父親亡後生世界　從來沒見父形容

平理

五行四柱論分明　父親貴顯太非輕

天然造化神數定　元妙至理洩真情

天來

人倫兄弟大有關　骨肉相親非等絲

同胞不睪難齊首　先有歸陰離塵凡

效印

五行四柱早安拟　身旺無依最可哀

破祖離家釋住教　念誦佛經生香台

法�

天地生人性本良　拋家棄祖却無傷

身居道教奉老祖　庵觀寺院有餘香

大錄

人生世上各不同　有富有貴有貧窮

三于堂前承基業　閩疆委家顯淨潔

成實

女命生來頼有家　人倫自古毫無差

離却父母居禪院　身為尼僧也光華

力太

妻宮月下会明友　衣祿自來亦甚奇

四柱細推最可疑　站辱先人不自知

武大

理數兩事本相通　仔細雅玩甚可輕

不是傻人並樂戸　必當吹手度生平

四柱生來最可嘉　執掌刀筆在公衙

太
亭
現身月夜辦廢事　嗣後運至顯榮花

子宮休在眼前膌　遲早寮多不一般

叟
演
縱然你有五七個　臨終只得留二三

演參神數細推詳　算定妻宮是屬羊

木
羡
駕鴦匹配姻魚水　永偕琴瑟地天長

父母恩愛重如山　不料先有歸西天

缺
日
父親辭兀登仙路　慈母屬蛇享高年

盛虧
汝子早見何不成
若不依法忙鎮祭
只因妻將天狗沖
佛人見郎赴幽冥

潛慝
說你無病邦有病
赤身思藏在人衣
說你有病人不知
得的病見甚蹺奇

阻撓
命犯撥亂最傷情
是非口舌朝朝有
撥亂事緒不得成
背地不住加調誑

暴敗
運逢惡煞與凶神
丟財惹氣遭官事
流年必定有灾定
明謀暗算禍患侵

自縊
此命生來犯懸梁
心忙意亂忙解送
退生閑氣尋無常
不定時刻繩上亡

心一堂術數古籍珍本叢刊　星命類　神數系列　八八

歲君

大風飄來一枝舟
要得堂前立下子

飄來飄去几時休
除卻大歲搏回頭

矢傷

冲犯暗箭不可當
若不依法早鎮祭

去則惹氣太豊殃
準隍禍患動悲傷

崖傾

此命生來性情剛
若不依法忙祭送

懇生雨氣尋與常
準隍投崖一命亡

幼超

八字生來福星臨
妻宮喜配寅午戌

衣服食祿勝別人
二子三花送入坟

火軍

算君流年運水匃
不是添財定進口．

孟门有爛喜氣多
謹防笑裡動悲歌

由　鴛鴦戲水在清潭　双々合永和團圓

府　妻是戌子屬鼠相　霹靂火命福祿全

內　一対駕鴦戲水濱　蘆花深處結成鸞

府　配妻屬馬庚午相　路傍土命福祿深

相　弟兄情誼最相親　豈知相親成仇人

由　若不禳奈五鬼煞　家敗人亡大禍侵

有　五行四柱論姻緣　妻生屬牛己丑年

一　推算命是霹靂火　相偕伉儷永平安

十　紅桃白李總是春　駕鴦戲水在江濱

七　妻是屬羊辛未相　路傍土命百年欣

莫　先天神數宅分明　早知你有一大驚

凶星臨行天降禍　提起冷渾懷抱永

外　數宅你命有外財　得來外財始發財

先天八卦細雅算　算你甜從若處來

金　五行四往透財星　問君何事作營生

先天神數細雅算　發賣鉄貨是正経

迤　滿腹経綸才智高　是非關心慈禍招

自古出頭傢先燗　留落他鄉暫逍遙

蒼　不用憂末不用愁　目下就要得便休

三伯見子承家業　年八更上一層樓

曾光　祖在朝中為大官　父亦顯貴非等凡

　　　算君不是紅塵侶　文成武就列朝班

產　五行四柱字原因　妻是勤儉尚家人

興助　命中帶來福滿屋　居家蒙受非等尋

　　　五行四柱財原多　應該遠出謀太和

　　　數字你是賣鉄貨　鉄籠鉄吊並鉄鍋

邵夫子前定終身神數 春部

春夏部金
秋冬部金

心一堂術數古籍珍本叢刊　星命類　神數系列

春

汪月

火年有志望芹宮

三十二歲遊泮水

爭奈文星未助功

他年至更與降隆

苑卯

姻緣前定不可移

命犯刑傷主別離

尅去妻宮屬蛇相

再要屬兔不須疑

仔肩

雖然是個小買賣

擔心挑心迅時光

此命生來肩力強

也走城市也跐鄉

尅辰

夫妻好合兩情濃

誰料中途犯刑冲

尅去屬蛇重姤配

神數早定是屬龍

汪刘

文志建步向儒門

早年運凶未遂心

辛壽流年二十一

文星照臨得捷芹

起巳
一對鴛鴦戲水濱　誰知半路兩離分
起去妻宮屬蛇相　再娶還是屬蛇人
弓馬嫻熟已多年　撥扎當職名未全

黃鳥
行年四十吉星照　鑾山化吉喜光前

汪足
文星暗助喜魚涯　泮池得意桂生芽
流年行至三十歲　衣頂榮身顯光華
數定姻緣非偶然　刑冲破敗最可憐

起午
起去屬蛇婚配　早知屬馬是良緣

一
月張
二十八歲氣運高　塵埃頤起第英豪
此時得蔡平生志　芹宮以內往逍遙

月愛

吉星高照喜氣臨　改門換戶非等尋

運行流年二十九　得意榮歸唱綵茾

命中注定好鴛鴦　半路刑冲最可傷

起未

屬蛇妻宮先尅去　再娶必定是屬羊

四十一歲命運通　張弓抉矢羡英能

麾依

括末逢春花自發　明倫堂上拜師翁

天配姻緣不自由　月居次樂離君憂

起申

尅去佳人屬蛇相　再娶妻宮更屬猴

二十七歲喜氣臨　津池得意出入羣

月興

好似潛龍初得水　搖頭擺尾上太津

尅酉

喜得相逢怕別離　奈何命定主尅妻

尅妻宮屬屬蛇相　再娶必定是屬雞
去

月中

文星暗助喜无涯　好似錦上又添花

幸遇流年二十五　芹宮得意桂生芽
令

大妻好齊百事有　誰知好令不長久

尅戌

尅去屬蛇再重婚　神數早知是屬狗

二十六歲命運強　其年定主喜洋～

二
月神

朱第一点名成就　泮水池中樂永康

二十四歲運興隆　數定此時入泮宮

月澤　雨岸曉窗柳色綠　一園春光杏花紅

起亥　鴛鴦和如好羽舒變　泮路損傷情意鬱　屬蛇佳人先尅去　再娶必定是屬猪

反治　撥乱凶煞入命來　破祖離家不要財　若請明師忙祭送　名刹通達上天台

尅子　喜得相逢恨別離　奈何注定命刑妻　尅去佳人屬鼠相　還娶屬鼠再無疑

月汪　洋池幾時樂天真　二十三上正逢春　大運五行生瑞氣　紅鸞六合一番新

丑

前定姻緣莫強求　命中尅妻不自由

志專

尅去屬鼠重婚配　數內早知是屬牛

精神越老越堪誇　好似枯楊又生華

月月

流年輪行至四十二　張弓挾矢振邦家

常言福至多心靈　二十二歲喜氣生

尅寅

盂門有喜光門戶　沖池得意振家聲

鴛鴦和好最為奇　半路刑傷亦可悽

屬鼠妻宮尅去早　再娶屬虎定無疑

三

行年二十一歲棗　沖池得意光門庭

月劉

良玉不雕為世寶　靈草無根自天生

月足　行年二十正逢春　盈門有爛喜氣臨

幸得此時遊泮水　光耀門戶萬人欽

尅卯　鴛鴦戲水不分離　半路有傷最可悽

尅去屬鼠重婚配　心是屬兔無差移_著

辰後　此子好似領頭羊　雨二三之在後藏

猪被虎犬搶奪去　個々不能得以長

尅辰　前定姻緣在命宮　算來半路主刑冲

妻宮屬鼠早離去　再娶必定是屬龍

足愛　芭蕉葉下麒麟至　珍珠簾內鳳凰來

一十九歲多吉慶　泮池得意自和諧

四

尅巳
鴛鴦和好壽復稠
不料拆散守孤栖

尅去佳人屬鼠相
再娶必是屬蛇妻

仙爪
上帝玉女降臨凡
世人不識當了嬛

成婚東廚焚罷謀
發夫旺子興家緒

足張
火年得志最稀奇
君當十八入泮池

盈門有爛多吉慶
文星暗助自可期

尅年
命定姻緣不可假
妻宮尅去泪洒了

先尅妻宮屬鼠人
再娶妻宮必屬馬

足興
行年十七遇文星
春風鞁轡耀耀門庭

四海光華生宇宙
泮池得意望蟾宮

足神

文星暗助喜盈〵　少年得志大有威

問君幾時遊泮水　一十六歲定崢嶸

翹未

桃花柳絮亂飛揚　神數算來妻有傷

翹去屬鼠婦人命　再娶必然是屬羊

認你百般機嶽大　運不做主奈若何

單乖

到翹曾砍大樹木　爭奈燒了夾底鍋

翹申

夫妻好合喜悠〵　誰知好合不到頭

翹去妻宮屬鼠相　再娶必定是屬猴

行年十七最可嘉　泮池得意自光華

足中

貴人提攜相著力　文星暗〵喜无涯

尅酉

歡飲聚會恨別離　　無奈刑傷守孤栖
尅去妻宮屬鼠相　　再娶婦人定屬雞

足澤

一十四歲命運通　　暗裏又遇文昌星
洋水池中多得意　　光宗先祖光門庭

尅戌

夫倡婦隨並肩走　　倡隨豈料不長久
尅去妻宮屬鼠人　　再娶必定是屬狗

五

足汪

行年十三喜氣臨　　火年榮花福自臻
蛟龍洋水初得意　　不精神處也精神

行年十一樂陶陶　　　　　身入黌宮志氣豪

足刈

結子桃花紅灼灼　　　　　桂花香散滿園飄

八字刑冲犯孤恓　　　　　夫妻和好壽不齊

尫亥

尫去婦人屬鼠命　　　　　繼娶定是屬豬妻

　　　　　　　　　　　　冲犯神煞煞是根甚

尮續

休說頭妻不是妻　　　　　藥饍二妻還主離

若不依法忙鎮祭　　　　　鼓瑟鼓琴偶離分

尮子

如鼓瑟兮如鼓琴　　　　　又娶妻宮屬鼠人

尮去婦人屬牛命　　　　　泮池初入喜欣欣

三十三歲正逢春

汪汪

門墻更換家業盛　　　　　文意重整畫堂新

六

魁丑

數定魁妻不自由　姻緣造就莫強求
魁去妻宮屬牛相　再娶婦人還屬牛

長青

八字生來心性靈　不與拙笨人相同
先天神數早定就　竹匠之中逞才能

汪澤

三十四歲命運通　其年定主喜盛之
泮水得意文星助　家門康太福祿迎

魁卯

姻緣前配是良緣　壽數長短不一般
屬牛妻宮先魁去　再娶屬兔兩相歡

汪中

運交三十五歲棗　家門康大喜氣生
泮池得意光門閭　衣頂榮身振家聲

汪神

花正開時月正圓　　　三十六歲喜氣添

一足踹到泮池上　　　好似力田又逢年

魁辰

屬牛婦人先魁去　　　雷响一聲振鴛鴦

三十八歲命運通　　　又娶屬龍配成雙

汪張

文星暗助多吉慶　　　不與尋常一樣同

一聲雷响震鴛鴦　　　泮池得意大興隆

魁巳

魁去婦人屬牛相　　　狠得鴛鴦雨分張

此命生來福祿金　　　又娶屬蛇配成雙

待經

若河現今作何事　　　則星透露發家綠

好花闌放遇嚴霜　　　弓箭鋪中把身委

汪興

三十七歲主榮花，泮池初遊桂生芽。

陰騭原深時有助，吉星高照喜死涯。

翹寅

數定姻緣非偶然，刑冲破敗可傷慘。

翹去婦人屬牛相，又要屬虎為續絃。

翹午

歡欲娶會若別離，拆散鴛鴦淚悲啼。

翹去屬牛要屬馬，展放愁眉笑嘻々。

補助

此命早該發高科，助父為惡有羞錯。

傷壞文星湏禳榮，逢卯遇酉振山河。

七

汪愛

三十九歲喜氣臨，泮池初八喜攸々。

暗中自有文星助，衣冠楚々列黌門。

澤足

行年四十福祿增

泮池得意喜盈盈

好似早梅令瑞雪

又如枯木遇春風

尪未

命中注定有刑傷

結髮夫妻不以長

屬牛婦人早尪去

再娶必定是屬羊

尪申

前定姐綠不自由

鴛鴦拆散妻难留

若是尪去屬牛相

再娶必定是屬猴

澤刈

文星八命喜氣昌

家門康大多吉祥

行年四十零一氣　歲

泮池得意好風光

尪西

喜得相逢恨別離

鴛鴦拆散泪悲啼

尪去佳人屬牛相

再娶必定是屬雞

澤月

門統瑞氣喜洋洋

四十二歲發禎祥

姓名縷列明倫堂

澤池得意多吉慶

起戍

誰料合歡不長久

先天神數定的真

起去屬牛要屬狗

夫妻喜吃合歡酒

餘慶

常存一片慈悲心

先天神數定命真

不料夫妻兩離公

行善獲福陰騭大

起亥

公道無私最可人

洞房花燭喜欣欣

再娶妻宮屬豬人

起去婦人屬牛期

八

家門康太喜氣添

運行流年四十三

澤汪

得步蟾宮拜聖賢

自有文星暗相助

澤澤

明倫常上標姓字　　不厭寒窗若功勤

四十四歲喜氣臨　　得遂採芹一点心

茺酉

先天神數早定就　　尪去屬馬娶屬雞

前定姐緣不可移　　鴛鴦拆散泪凄凄

不火

得錢好似三月雨　　化費猶如五更潮

這几年來置下高　　日夜奔波受若勞

澤中

文星暗助吉慶多　　泮池得意光宗祖

運至流年四十五　　大亨貞吉魚滿門

尪子

命定姐緣非偶然　　刑冲尪制最傷慘

尪去屬馬婦人命　　贾再娶屬鼠是良緣

澤神
火年有志望芹宮
爭奈文星不助功

四十六歲方八泮
明倫堂上標姓名

尠丑
命犯刑傷最可憂
夫妻好合不到頭

尠去妻宮屬馬相
再娶妻宮必屬牛

含若
若不化符焚香謀
時來打於家不安

一片齋心未得言
死後作鬼也是寃

尠寅
命犯孤辰結姐緣
鴛鴦成雙福不全

屬馬妻宮先尠去
再娶屬虎早定前

澤興
志來進步在儒門
早年運蹇未遂心

辛逢流年四十七
文星暗助得採芹

澤愛　　尅辰　　中足　　尅卯　　澤張

昆至流年四十八　　好似乾河長水潑

明倫堂上拜師尊　　衣頂榮身大快樂

夫妻好命最堪欣　　神數定得真又真

尅去妻宮屬馬相　　再娶妻宮屬兔人

行年五十吉慶加　　好似枯楊又生華

名列儒學稱秀士　　臨陣失馬大有凶

命定姐妹犯刑冲　　泮水初游喜无涯

屬馬妻宮先尅去　　再娶必定是屬龍

運至流年四十九　　好似壺水煖成酒

泮池得意吉慶多　　明倫堂上姓字有

尅巳

孤辰星未入命中　拆散鴛鴦主大凶

尅去婦人屬馬相　續娶屬蛇在房中

莘先

去年灾害已生根　曚裡曚瞳到如今

只因五鬼來入命　急速榮送免歸陰

尅午

尅去妻宮屬馬相　洞房花燭元次新

八至生來犯孤辰　繾綣還是屬馬人

榮遇

五行四柱福祿全　破祖離家拜神前

爵位高陞掌府卯　赫々八间一道官

十

尅未

命中注定好鴛鴦　無奈刑冲見尅傷

屬馬妻宮離去早　再娶必定是屬羊

世間三百六十行　行行有個狀元郎

吹雲
先天神數細推算　知君買賣在烟房

飛廉何自入宅來　屈傷爾夫好英才

連瓜
若不依法早鎮祭　屢傷人口屢破財

縈落奔波走西東　背負擔挑若經營

才難
彼處發來此處賣　穿街過市財利增

權橫
傍人買地你作主　八平地價理當然

人生八字本先天　大小謀為不一般

人皆市井去經營　君獨買賣在河中

既濟
造就一盤龍硯磨　四海交遊晏子風

孟先

今歲流氣運不高　許多小人把你撓
只因宅神多不喜　準俗官前走一遭

姤始

春日夏夜有短長　數定元辰無乖張
馬年臘月君降體　不是馬卻屬屬蘭

開閭

懞懂懞懂實懞懂　閏月大小有錯綜
生在龍年臘月内　却是屬蛇不屬龍

首末

五行四柱未美全　算來如今不勝先
子息宮中行旺運　還有榮華在右邊

連收

誰將飛鷹帶八宅　屈傷兩子好共寸
若不休法忙鎮祭　還要傷人破大財

卞

邵夫子前定終身神数 夏部

夏

前定姻緣漫沉吟　先天注定尅妻身

尅子
屬龍妻宮尅去早　再配必定屬鼠人

仲杀
八字生來喜盃々　陰陽會合能育成
要知次子是何相　必然屬鼠在子宮

子也
寒桃結果在晚冬　憁有早子不能成
四十二歲方立子　家門康大喜氣生

尅丑
屬龍尅妻先尅去　姻緣前定莫強求
命該尅妻不自由　再要必定是屬牛

中刘
文星入命喜无涯　泮水得遊氣運嘉
運至流年五十一　好似枯楊又生華

一

中月
　　渔至行年五十二
沜水有志已多年　誰知宜若登天然
　　觀榆絲能得意還

趄寅
　　趄去妻宮屬龍相

次句
月老紅綠配姻緣　鸳鸯錯定福不全
先天神數早定就　次子屬牛奉高堂
人生有子最為良　繩之振之喜洋洋
　　再娶屬虎方可安

趄午
妻宮屬虎早趄去　定要屬馬再配雙
一聲雷响驚鸳鸯　雨下分飛有損傷

姻緣前定不能移　命犯羊刃須尅妻

尅郎
先要屬龍亡故早　再娶屬兔必無疑

月嗣
八字生來最可嘉　繩二子孫福无涯
若問第二是何相　寅年屬虎生你家

尅辰
一對鴛鴦池上鳴　半路失散最傷情
屬龍佳人尅離去　再娶必然還屬龍

中汪
五十三歲喜慶多　泮水初入狀如何
衣頂榮身光門戶　不枉寒忩若㧞磨

尅未
桃花柳絮暗飛揚　数定妻宮有刑傷
尅去屬虎歸陰路　必然再娶是屬羊

二

辟地
堂前麗早好風光　桃紅柳綠艷陽粧
先天八卦早定就　次子屬兔振紀綱

魁巳
前定姻緣主尅離　生來福齊壽不齊
尅去佳人屬龍相　又娶屬蛇一嬌妻

坐中
命中注定晚子宮　縱然早見不能成
四十三歲家門幸　瑞統畫堂立子宮

中澤
也知少年得志好　爭奈文星不助功
五十四歲遊泮水　好似冬嶺秀孤松

魁午
數定姻緣非偶然　刑冲破害不得安
尅去妻宮屬龍相　再娶屬馬是良緣

辟色　命中子息早定明　兄之弟之莫相爭
　　若問次子是何相　算來屬龍魚移更
　　寒桃結果在晚冬　吉夢維熊喜盈之

使乎　四十四歲立下子　玉景堂前樂康寧

妯未　命犯刑冲不可當　津路以上有刑傷
　　屬龍佳人先尅去　再娶必定是屬羊
　　五十有五運行通　文星暗助無化龍

中中　明倫堂上標姓字　不辭寒窓若勞切
　　桃花柳絮乱紛之　命帶陽刃尅妻身

魍申　屬虎之妻先尅去　再娶定是屬猴入

三

辟言

子息宮中非偶然　大〻小〻不一般

要知次子是何相　生來屬蛇在巳年

魁申

尅去佳人屬龍相　夫妻好合不到頭

天配姻緣不自由　再娶必定是屬猴

中神

老蚌生珠体嬝晚　寒桃結果喜遲〻

五十六歲遊泮水　大器晚成始信之

魁酉

鴛鴦錯乱寿不齊　先尅妻宮屬龍相

中道必然見別離　再娶妻宮定屬雞

吹箎

五行四柱最可嘉　次子屬馬居午位

神數算來捴無差　丹桂堂前發根芽

五行四柱顯毛能
香炉蠟台造得精

白水

茶酒壺樣班班好
消鉛化錫作匠工

數定姻緣捻在天
壽命短不一風飄

魁戌

屬龍佳人先尅去
再娶屬狗是良緣

一頭白髮擁將去
萬兩黃金買不回

中張

五十八歲遊洋水
好似花殘春又來

前定姻緣不可移
命中數斷主尅妻

魁酉

先尅佳人屬虎相
再要必定是屬雞

子息宮中非偶然
八卦排列分後先

仲氏

若問次子是何相
原是屬羊生未年

四

先天注定論姻緣　壽數長短不一般

魆亥
魆去佳人屬龍相　再娶屬猪理必然

八字生來喜無憂　子息宮中細推求

其次
若問第二是何相　生在申年該屬猴

中興
五十七歲遊文星　津池初入耀門庭

觀榜凡無同革在　归家惟有子孫迎

趨學
先天神數論姻緣　屬兔佳人魁在先

再娶必定是屬鼠　举案齐眉稱良緣

繼長
子宫前宫不可挨　兄弟挑列此肩旁

神數推求贻子相　生在丙年该屬雞

丑
一對鴛鴦在河洲　中途失散不到頭

屬兔佳人赶離早　再娶必定是屬牛

曾記當年作頑童　而今已代一老翁

中
五十九歲文星顯　洋池得意始成名

姐緣前定不非偶　命主刑傷不得以

趲
赶去妻宮屬虎人　再娶必定是屬狗

陰陽交會喜氣添　子息屬相定根源

辰
次于屬狗居戍位　福祿豐裕在晚年

神數算君多兒男　算畢一二篇第三
　　　　　　　　　　算

癸
第二屬虎寅年降　興家立業非等凡

夫妻偕老有同心　誰料半路兩離分

趄寅

尅去佳人屬兔相　再娶屬虎是良姻

神足

文星暗助壽無涯　運行流年最可嘉

人言六十花結子　君至六十始開花

趄卯

先尅妻宮屬兔人　再娶屬兔自相得

命定姻緣是前結　壽數長短不可說

排次

八字來意妻喜舒　子息宮中樂有餘

麗景堂前春光好　次子原來是屬猪

趄辰

先尅佳人屬兔相　兩娶必定屬龍人

一判鴛鴦戲水濱　不料半路兩離分

六十一歲喜无涯　文星暗助最可嘉

神刻

泮水初遊芳名者　枯木逢春晚發芽

趙亥

桃花柳絮乱紛飛　命帶陽刃主尅妻

尅去妻宮屬虎相　再娶屬豬一嬌妻

汪還

陰陽配合喜氣生　子息宮中發夫榮

第三子息屬鼠相　生在子年最清明

尅巳

姻緣錯配有刑傷　神數算來不以長

尅去佳人屬兔相　再娶屬蛇兩相当

列鼎

八字生來喜氣逛　命中有子不須求

若問第三子宮相　生在丑年是屬牛

六十二歲大運來　枯木逢春花又開

神月

身穿藍衫頭帶頂　八八稱你是秀才

命定妻宮非偶然　刑冲破敗不得安

趫午

趫去佳人屬牛相　再娶屬馬是良緣

五行四住本先天　子息大小次第裡

叔元

若問三子是何相　算來屬兔在卯年

刑冲破敗不可当　一對鴛鴦早見傷

趫未

趫去妻宮屬兔相　再娶必定是屬羊

運行流年多吉祥　文星入命喜祥

六

神汪

六十三歲遊洋水　好似黄花晚節香

數定姻緣漫呃吟　先天注就尅妻身

起子　屬蛇婦人先尅去　再娶必是屬鼠人

光前裕後賴子宮　子宮排列振家風

三成　先天神數早定就　第三子宮必屬龍

尅申　屬兔妻宮早尅去　重婚再娶定屬猴

天配姻緣不自由　少年夫妻不到頭

繼仲　八字生來喜祥之　子息宮中排成行

第三子宮是何相　算來算去該屬羊

神澤　有錢難買青春火　轉眼白髮似銀像

運至流年北十四　津冰池中任逍遙

神愛

運行流年六十九　好似壺水煑成酒

文星暗助吉慶多　明倫堂上姓字有

惡煞出神在命宮　夫妻半路主憂驚

起丑

屬蛇妻宮早刻去　再娶屬牛無競爭

開泰

子息宮中細推求　大小排列次第用

若問三子是何桐　神數官就必屬猴

命定姻緣壽不齊　數中推算畫起妻

趣酉

起去住人屬兔桐　西聖必包是屬雞

入說少年得志收　我道大器在晚成

七

神申

六十五歲遊洋水　老蜯生珠發光榮

夫妻喜吃合歡酒　不料合歡不長久

剋伐　屬兔佳人早剋去　再娶必定屬屬狗

先天神數定原因　于息需中細推尋

行參　第三子息是何相　原來屬蛇己年人

一夜夫妻百夜恩　百夜夫妻海來深

屮十　君妻亦有深愛處　何故當年休出門

剋亥　命犯羊刃刃不可当　嬌妻金之一命亡

剋去佳人屬兔相　再娶屬猪得安康

桃開三月菊放秋　人生各自等時候

神神　六十六上大運至　泮池得意任悠之

八

興足　人説七十古來稀　君當七十得意時
洋水初入多榮耀　枯木逢春發嫩枝

趁子　人生有子百事宜　誰知半路兩離分
起去佳人屬虎相　再娶屬鼠可為妻

叔夏　第三子宮是何相　膝下排行此肩齊
屬蛇佳人失起去　神數算求該屬雞
再娶屬虎是良緣

起寅　月老紅綠配姐緣　鴛鴦錯定福不全
屬蛇佳人失起去　再娶屬虎是良緣
自古黃花香晚節

神興　遊八洋水光門閭　枯木逢春景自芳
六十七歲命運強

數定鴛鴦有失驚　　誰人當此不傷情

趲丑
妻宮屬虎趲離去　　再娶屬牛無移更

尅四
天地交來化育生　　子息宮中定分明
第三子宮必屬馬　　神數定就無移更

趲寅
匹配鴛鴦犯尅刑　　中途失散有憂驚
趲去佳人屬虎相　　再娶屬虎無錯更

神張
軍行流年六十八　　好似乾河長水發
明倫堂上姓名揚　　神數推算無差錯

趲卯
夫妻偕老喜无憂　　豈料相隨不到頭
先趲佳人屬虎相　　再娶屬兔得安休

一三八

九

汪句

先天神數定子宮　好似鴻雁列空中
籌來第三必屬狗　神數算來晚興隆

遶辰

四配鴛鴦犯剋刑　中途失散大有凶
先剋佳人屬虎相　再娶必然是屬龍

在戶

乾坤交泰喜无涯　子寅宮排列發根芽
第三子息亥年降　該是屬豬無錯差

魁巳

姻緣前定不可更　半路損傷最可驚
屬虎妻宮早剋去　再娶屬蛇方趁情

月降

罣八巳宮山亲臨　天灾禍患求纏身
數定此時該剋母　傷心耿耿淚沾襟

有定
事緒扭捏亂心神　幾番尋路認不真
若問明堂是何處　喜得奔走在分門

拈迷
時不至運（來）有不通　幾番謀願幾改更
若將撥亂忙除送　萬事如意逐心情

買壞
八字流年運不通　元師跌職為先鋒
愀然斷心忍耐過　後來也要變故生
買賣大小不一般

掌火
魔世經營幾多端　買賣大小不一般
神數推算無差錯　知君發賣好名烟

古風
一生忠原又老誠　尉帛相交最分明
調三咬四再無你　吃虧上当耿真行

十

土大　說你無能也有能　全憑手藝度生平

逢善八家買賣地　丈量尺竿甚是公

四柱生來甚是偏　自顯才能在人前

多短　好人所惡惡人好　神數定你品不端

不該不該又不該　不該當日丟書來

易弓　雖然改八此道路　後日亦自可發財

此命來不可有言　賊星八命最難堪

次皿　雖然未曾走黑路　也被賊人揹八官

五行四柱格局清　不與別人一樣同

雜昧　先天神數細推算　多才多技多藝能

此命生來吉星臨　衣服食祿勝別人

廷頭

論子該有兩三個　問妻須配申子辰

樂哉

生來八字下安閑　吃穿二字甚難难

日夜勞若無休息　真可度日如度年

安貞

此命生來不宜強　只可守分居本鄉

設立買賣成家計　不受路途若風霜

面旱

老蚌生珠古令奇　枯木逢春發嫩枝

四十五歲立下子　老安火懷各自宜

處士

吉夢維熊發禎祥　自古黃花晚節香

四十六歲立下子　玉景堂前喜洋～

卜

福瓜

八字生來性不成　五行四柱犯刑冲
若不禳祭南北斗　父母生你一場空

周吉

這几年來運不強　官詞口舌鬧嚷嚷
色神不喜須禳祭　免得惹氣破財傷

歌者

四十七歲發禎祥　家門康太立兒即
瑞繞畫堂多吉慶　添丁進喜百世芳

杀離

由來古木臥平沙　子息宮中有根芽
先天神数細推算　定有一人出了家

賊也

暮景堂前福祿隆　迎門有爛喜盈之
四十八歲立一子　光前祐後耀門庭

四十九歲問流年　　毛血雖衰喜氣添

刀若　瑞繞画堂立一子　家門康太福祿全

夷性　人之說你往好地　你却還是不如意

雖然有吃也有穿　如當背生開離氣

離辦飛廉帶入宅　屈傷小妾好摩釵

只旦未得早祭送　又傷你妻小英孩

小日　五行四柱犯刑冲　命里財星不甚通

午火　幾番經營好買賣　幾番謀處一塲空

左

招贅
八字應該承外宗　父母生下一塲空
他人有女無有子　招你養老瑙送終

平安
若不依法早祭莊　舉修二妻也要離
命犯撥乱最可悽　撥乱頭妻主生離

火烈
神數算定不差毫　應該集鎖若勤勞
人家賣京雜糅貨　你賣燒餅與火焼

不顯
不堪不堪又不堪　神數早已細推遷
雖然無大慰心事　揆有不可對人言

草由
在先你也論子評　後求郊又習醫生
如今又覚子評好　行醫還要論子評

邵夫子前定終身神數　秋部

秋

魁申

屬雞妻宮先尅去　　再娶必定是屬猴

陰陽錯配福不周　　一枕鴛鴦不到頭

岐山

生在子年屬鼠相　　排行第六要發家

命中子息不可誇　　不過中年享榮花

續印

冷雨嚴霜花自零　　命中尅母定前生

月缺後圓人事好　　繼母屬鼠自分明

子息

妻宮屬鼠最可傷　　命犯妖壽不久長

閻王廟裏去掛號　　輕輕半路兩分張

尅酉

命定姻緣不可移　　中途失路淚悲悽

尅去佳人屬雞相　　再娶妻宮還屬雞

繼五

春至花開草木香
第六、子宮屬牛相
生在丑年福祿康
子宮膝下喜成雙行

除殃

而今已愈加凝病
算君此病怎得來
着氣傷寒結成災
速祭五鬼免悲哀

尅戌

尅去妻宮屬雞人
夫妻樂飲合歡酒
誰料合歡不長久
再娶必定是屬狗

丑盡

魏度光陰魏度春
鬼門關上去黃郊
提起一片好傷心
妻宮屬牛命不真

尅亥

命犯刑沖妻有傷
尅去婦人屬雞命
迅雷驚破好鴛鴦
定娶屬豬來填房

一

前定鴛鴦非偶然　　　鴛鴦折散可傷慘

尅子
尅去妻宮屬狗相　　　再娶屬鼠配良緣

神宗
胎元合定數無更　　　神算推算論子宮

第六兒郎屬鼠相　　　生在寅年振家風

秋磨
堂上慈母壽不堅　　　早年刑尅喪黃泉

后要繼母屬牛相　　　雖有言語意不甜

寅終
一樹鮮花被風折　　　屬虎妻宮主離別

高崖深處宿一遭　　　雨打殘花淚泄〻

尅丑
命犯刑沖最可憂　　　鴛鴦匹配妻難留

先尅妻宮屬狗命　　　再娶必然是屬牛

来月
子息宮中細推尋　算来由命不由人
第六子宮邳年降　原是屬兔定得真

路塞
此命早該得功名　只因沖犯混文星
若能依法忙鎮祭　目下求名喜盈了

魁寅
命犯刑神配姻緣　姻緣錯定福不全
屬狗之妻先魁去　再娶屬虎整家緣

邳寂
妻宮屬兔主凶灾　雨後殘花風又来
洞房花燭曾有幾　一枕鴛鴦兩分開

二

魁邳
數定姻緣壽不齊　妻宮屬狗染黃泥
先天神數早定就　再娶必然屬兔妻

八字生來犯刑冲　　刑冲注定尅妻宮

魁辰

尅去妻宮屬狗相　　再娶必定是屬羊

重三

先天神數論子宮　　第六算來該屬班

玉景堂前風光好　　榮花富貴晚年班

補印

母兮生我劬勞深　　不幸早亡難報因

堂上繼母屬虎相　　勉力行孝不趂心

辰休

雨後殘花風裡燈　　最忙妻宮是屬龍

數中定就難偕老　　誰儘傷心淚盈〻

尅妃

命犯羊刃須尅妻　　尅得妻宮染黃泉

先要屬狗難偕老　　再娶必定屬蛇妻

三

陰律　子息宮中次第明　一二三四五數成

推算第六是何相　源来屬蛇巳年生

巳故　先天神數定吉祥　妻宮屬蛇不久長

日正明時秘雲藏　傷心耿〜賦斷腸

魁午　聚會歡欣離別悲　妻宮屬狗惹淚垂要

若是重姻要再娶　定是屬馬在羅幃

午默　神數妻宮論的詳　早知屬馬不久長

春後殘花秋後草　一陣傷心泪汪〜

魁未　陰陽錯配主刑傷　兩次歡娛在洞房

先魁屬狗又要娶　神數算来定屬羊

前定姻緣莫強求　刑沖破敗妻難留

魁申
先魁婦人屬狗命　再娶必定是屬猴

陽呂
堂前丹桂發禎祥　柔々開放柔々香
神數推算第六子　生在未年是屬羊

堯室
堂上慈母壽不長　移花接木最可傷
繼母屬蛇居巳位　觸目傷心淚汪々

魁酉
匹配鴛鴦不可離　命中無奈主魁妻
魁去佳人屬狗相　再娶定然是屬雞

坎數
子宮多寡定前生　依次算來最分明
第六兄郎必屬馬　神數定就不移更

中杀　五行四柱定分明　芝蘭須知晚景榮

数定君有五個子　算来不是一母生

魁式　前定姻緣真又真　刑妻注定漫沉吟

補助　命中注定早成名　何故而今尚落空

只因混文星打絞　再娶還是屬狗人

屬狗妻宮尅離去　即速祭送方顯紫

月老紅絲配姻緣　姻緣配定最傷慘

魁亥　魁去佳人屬狗命　再娶屬猪理必然

先天注定好姻緣　一旦分離最可慘

四

慈子　魁去婦人屬狗命　定娶屬鼠再續絃

爻數　　若是排行居六位　　定主屬雞在酉年

慈丑　　子息雙雙在堂前　　神數推算次第連
　　　　先尅婦人屬豬相　　再娶必定是屬猴

未了　　生來不能同偕老　　徒留想像夢一場
　　　　數定鴛鴦不到頭　　嬌妻有命也難留

繼坤　　風裏灯燭草上霜　　最怕妻宮是屬羊
　　　　生身母親尅離去　　後娶繼母屬馬人

冠七　　堂上琴瑟斷絃音　　月缺花殘泪沾襟
　　　　先天神數早定就　　第六兒郎是屬猴

命定子宮不自由　　成雙配對喜悠悠

衣蘆　先尅虺命乳刑傷　　堂上慈母必早亡
　　　繼母該是屬虺相　　神數算來無乖張

慈寅　聚會歡欣離別苦　　妻宮屬豬歸泉土
　　　洞房花燭又重新　　神數算來定屬虎

申未　妻宮屬猴主失驚　　難得偕老在今生
　　　春後殘花風裏燭　　提起傷心泪珠傾

慈邜　八字生来主尅刑　　尅妻屬豬在亥宮
　　　亥年屬猪妻尅去　　定娶屬虺美姿容

邵夫子前定終身神數（虛白廬藏清寫本）—秋卷

魁辰

五行四柱犯魁刑　終日臉上帶愁容

屬猪妻宮早離去　再娶必定是屬龍

位坎

�生老母送子宮　送来子宮開哄了

神數算你第六子　定是屬狗大興隆

又地

母兮生我恩愛深　命主刑魁好傷心

后娶繼母屬羊相　觸景生情暗沉吟

中杀

子息宮中細推詳　庭前排列喜洋〻

五子亦可比賓氏　爭奈不是一個娘

慈巳

前緣配定好鴛鴦　今日拆離不成雙

魁去婦人屬猪相　定娶屬蛇無乖張

六

神煞
鳥語花香景色鮮　子宮大小不一般
第六子宮屬豬相　晚景豐裕非等閒

浚井
罪惡深重不自刑　禍及慈母命難容
月缺幸有重圓日　娶來繼母定屬龍

慈午
屬豬婦人離去早　妻宮屬雞命有差
鴛鴦匹配喜欣欣　再娶必是屬馬人

酉去
風裡灯燭雨中花　誰料今朝不同羣
閻王廟裡去掛號　人了都說你失家

慈未
先天注定好鴛鴦　誰料半路有刑傷
尅去妻宮屬豬相　再娶必定是屬羊

一枕鴛鴦不到頭　傷心耿耿淚常流

慈申
屬豬佳人難偕老　再娶必定是屬猴

堂上雙親壽不堅　早年尅去心痛慘

姚氏
又要繼母屬猴相　月到中秋缺復圓

神數定君多兒男　六子排列在庭前

坎嗣
爭奈不是一個母　義方為訓免禍端

妻富屬狗主災凶　好似行船遇狂風

戍完
一陣災難一陣危　一陣辭凡命歸空

傷心一陣淚洒之　風打鴛鴦兩下飛

慈酉
室人屬豬早離去　再娶必定是屬雞

艮宗
先天神數定吉祥
嗣續宮中福晚昌

算君命有七個子
爭奈不是一個娘

神數先天不可移
尅去慈母淚悲涕

復地
故園夜雨滋芳草
后娶繼母必屬雞

慈戌
夫妻好合百事有
好合誰知不長久

尅去妻宮屬猪人
再娶必定是屬狗

令終
飄零鬼魂入命間
五十七八壽難言

若能依法忙除送
還有陽壽十六年

失散鴛鴦意不舒
終朝每日悶鬱〻

七慈亥
尅去佳人屬猪命
再娶必定還屬猪

後堂

人皆有母雙眉喜

君獨失恃淚暗垂

梧桐葉落春又發

継母屬狗在庭幃

坤杀

丹桂堂前發枝紫

子息宮中鬧烘烘

神數推算整四對

原来不是一母生

亥限

神數推算論妻宮

最怕屬豬亥年生

早知不能同偕老

傷心一陣淚珠傾

晚印

命中注定剋母親

日映梨花又重新

算来継母屬豬相

相親恰是不相親

待貨

五行四柱透財星

應該貨殖市井中

若問現今作何幹

糖菓舖內大經營

長吐　一妻一妾喜盈々　何故而今犯刑沖

訪出　只因命帶羊刃煞　輕々趕去長妻宮

　　　此去尋人喜重々　音信雖有恰無蹤

立吐　若要再過三五日　不能見面定主凶

　　　自古姻緣是前結　命犯刑傷不可說

秋磨　一妻一妾方成家　定主妻在喪了妾

　　　時不至來運不強　繼母手下去吃粮

八苗禍　從來有功不得賞　更恨無風起波浪

　　　身帶貴奇不可誇　命犯妖壽染黃沙

　　　若能依法先禳祭　方許保全享榮華

孤衾　一枕鴛鴦不到頭　逐日煩惱逐日憂

既富　重婚必須金土命　方能完美保安体

月印　一時八刻不一般　有貧有賤有做官

勁直　神數算君何買賣　雜粮店裡發財源

交集　明々你母在堂前　何故數定染黃泉

　　　只因先還有一母　未曾見面已歸天

　　　禀性生来最不成　口快心直不留情

　　　話不投機三兩句　生身父母也不容

　　　八字生来透財星　應該集鎮作經營

　　　若問現今作何業　發賣雜貨度生平

維繫

五行四柱透財星　不宜攻書不宜農

先天神數早定就　繩麻鋪裏作營生

女環

玉女仙童覆盂漿　罷坐人間作梅香

成婚無用鐘鼓响　生離死別不安康

惠内

陰星失政多内變　是非口舌鬧門墻

先天神數細推詳　佝年門内不安康

興晚

此命生来未美全　先受苦来後受甜

苦辣酸甜都受盡　後有榮華二十年

九

好勇

君似當年猛烈公　一生闖禍不成凶

粗中有細人難及　從来不落人下風

妙裡　命中有子難坐胎　夢裏常見小英孩

幾次英孩來投母　正室不鎮進不來

剪帥　五官四體有好歹　人生多少不可解

你心只恨路不平　行走必須挂雙拐

姨大　命該二子承嗣宗　五鬼來化無一成

早將寶鎮埋床下　可保偏房二子宮

管運　撥乱臨門是非多　五鬼當職家不和

官灾口舌時常有　速祭宅神免悲歌

起术　五行四柱不可誇　應該貨殖遠離家

神數細推何生理　鐵貨店裡作生涯

城翔

可憐可憐真可憐　可憐老而無妻鰥

更有一般不幸處　膝下缺火拜孝男

誰將飛廉帶入宅　屈傷爾子好英才

而今又傷爾孫子　速祭飛廉免悲哀

山國

心腹之病實難埃　一口邪氣鬱心懷

梟神奪食藥不效　通血香定把胸開

至秦

望聞問切醫道熟　緩急遲縮脉理精

貴星顯達時運至　數定你是醫官生

皇城

這幾年來運不強　勞碌奔波過時光

破財生災事扭捏　速祭勾絞保安康

十牛城

邵夫子前定終身神数　冬部

冬

尅申
命定姻緣不自由
尅去妻宮屬馬相　再娶一定是屬猴

澤勾
命中子息非偶然　有大有小有後先
第四子宮屬鼠相　算來生育在子年

狀元
人生有子萬事周　光前裕後永無憂
第四子宮是何相　生在丑年是屬牛

尅酉
前定姐緣非偶然　命中刑尅也傷慘
尅去屬馬又重娶　定是屬雞在酉年

陳母
先天神數定的真　膝下子宮喜成羣
殀壽賢愚不一般　第四子宮屬虎人

興也

自家相親如路人，外處不親恰相親

尅戌

安靜中生出羅皂　艱難處偏有救神

姻緣前定不偶然　離合悲歡百事有

尅去屬馬一妻宮　又要妻宮定屬狗

繼叔

堂前丹桂發枝紫　子息宮中定分明

神數推算第四個　原是屬兔邱年生

尅亥

駕鴦交頸羽翼舒　半路刑傷意氣鬱

屬馬妻宮先尅去　再娶必定是屬豬

一莚子

數定陰陽非偶然　命中刑尅最可慘

先尅妻餂屬羊命　再惡虜鼠是良緣

列季
堂上雙親積德強
神數推算第四子
生來屬龍壽命長

季杀
養生送死賴兒郎
命中刻定雁成行
第四子宮屬蛇相
妻宮刑剋最可憂
神數算來無乘張

魅五
前定姻緣不自由
再娶必定是屬牛
魁去妻宮屬羊命
子息成行也非凡

季礼
人生有子萬事全
原來屬馬生午年
神數推算第四子
定你是個剋妻人
先天神數定的真

魅卯
魁去妻宮屬羊命
再娶屬兔是良姻

中排成符

唇隨　桃花柳絮亂飛揚
鸞鳳相交子成行

魅寅　第四子宮未年降
算來必定是屬羊

夫妻好合如琴瑟
不料刑魁入墓土

魁去妻宮屬羊人
後娶妻宮必屬虎

魅辰　離知半路有分離

列驪　一雙鴛鴦交頸飛
再娶必是屬龍妻

命定子宮不自由
生在申年是屬猴

先魁妻宮屬羊命
玉景堂前妻無憂

算來必是第四子
事不遂心苦勞多

二　　這幾年來運如何

將軍　任你河瑕機寰大

力受奔波

堂前蘭桂景百年榮　宮中喜盈盈、

投唐
第四子宮是何相　原来属雞酉年生

剋巳
鸞鴦匹配不吉祥　算定剋妻是属羊
若是再要重婚配　定該属蛇無錯張

歲暮
第四子宮天定就　原来属狗福祿悠
子息宮中莫强求　成雙聯對不自由

剋年
數定剋妻主分離　夜對殘灯守孤恓
先剋婦人属羊命　再要必是属馬妻

生晚
鸞鳳相交配陰陽　子息宮中細推詳
第四子宮属猪相　改門換户非尋常

三

魁未　一聲雷响震鴛鴦

　　　魁去妻宮屬羊命　　兩下分飛最可傷

魁申　前定姻緣莫強求　　再娶必定還屬羊

　　　魁去佳人屬羊命　　命該刑魁不自由

中勾　鸞鳳相交喜和鳴　　再娶必定是屬猴

　　　神數算来是屬鼠　　第五兒郎子年生

謹慎　寺前寺後莫胡行　　暮景堂前喜氣迎

　　　假若不遵神聖語　　無名路上休要登

竇嗣　鸞鳳和鳴喜無憂　　准備禍患目下生

　　　神數推算第五子　　兒郎命定莫強求

　　　　　　　　　　　　溥聖丑年是屬牛

魁亥

　夫妻和好意氣舒　　半路離分悶鬱鬱

　屬羊妻宮魁去早　　再娶必定是屬豬

登科

　神數推算論子宮　　算來第五該屬龍

　夕陽一段風光好　　改門換戶振家風

魁戌

　魁去妻宮屬羊命　　再娶必是屬狗人

　燕語鶯啼不遂心　　先天注定魁妻身

燕山

　若問第五是何相　　原來屬兔邞年生

　鸞鳳相交喜和鳴　　神數推算論子宮

魁酉

　魁去佳人屬羊命　　再娶必定是屬雞

　數定魁妻主分離　　椉伶守孤恓

尅子

月老紅絲配姻緣　刑沖尅制非偶然

尅去屬猴婦人命　再要屬鼠早定前

義方訓子古今傳　個々成名非等閑

指末

神數推算第五子　屬蛇生來在巳年

此時官詞尚淹纏　呌々鬧々不得安

多日

小人背地常調弄　神符一化自消然

命定子宮非偶然　有大有小有後先

羣羊

第五子宮屬馬相　生育原來在午年

命定尅妻不自由　先尅妻宮是屬猴

尅丑

若要重娶再姻配　筭聚秘定是屬牛

子息多寡不一般　　　神數推求次第連

臨門
一二三四從頭數　　　第五屬虎生寅年

口香
先天神數論命宮　　　五行四柱顯藝能

日夜勞苦費心力　　　定是烟房一匠工

尅寅
命犯尅妻最可傷　　　妻宮屬猴不久長

若是再娶定屬虎　　　洞房兩次作新郎

居中
先天神數定吉祥　　　子息宮中開穰之

若問第五何屬相　　　定生未年是屬羊

尅卯
八字生来犯刑沖　　　刑沖屬猴一妻宮

若是再要重婚配　　　必定屬兔卯年生

魁巳

鴛鴦離散各西東　　泪眼昏迷伴孤灯

魁去佳人屬猴相　　再娶屬蛇一妻宮

祥雲

丹桂萋乙氣色新　　第五子宮屬狗人

園林到處風光好　　玉景堂前一枝春

魁辰

八字生来犯刑沖　　刑沖屬猴好妻宮

若是再娶重婚配　　神數算来必屬龍

天申

花槨堂前舞春風　　先天神數論子宮

第五該是屬猴相　　生在申年福祿隆

前世姻緣非偶然　　刑沖破敗最難堪

五　魁午

魁去屬喉再要娶　　再娶屬馬是良緣

尖指　移金換玉結成婚

第五子宮屬雞相　晚景豐裕福自臨

起霧　五行四柱細推詳　算君買賣在烟房

時王定制小鍋飯　男女大小都想嘗

尅末　一聲雷響震鴛鴦　妻宮屬猴不久長

若是再要重婚配　神數算來無錯更

繼四　春來花發子宮生　神數早定是屬羊

第五兒郎屬猪相　晚景豐裕福自迎

尅申　命定姻緣不自由　配來兩次都屬猴

尅去一個屬猴命　又娶一個還屬猴

花開正逢春

魁酉

五行四柱犯重妻　鴛鴦和好兩分離
尅去佳人屬猴相　再娶必定是屬難

老陽

聰明才貌非尋常　可惜八字犯暗傷
暗傷夫主難見面　晚配遲婚落填房
世上惟有讀書高　君今讀書似良苗

有恒

待得甘霖時雨降　定要秀寶出塵罥
此時官詞運不通　只恐見官有險凶

少吉

夜來書符向東化　貴人扶助十分贏
陽錯陰差難保守　好妻雖有不長久

魁戌

先尅婦人是屬猴　再娶必定是屬狗

先天神數定原因　　　命犯羊刃剋妻身

魁亥

魁去妻宮屬猴相　　　定然再要屬豬太

指引

此命生来最可憐　　　一陣傷心淚暗傾

現今還有兩條路　　　数中算你此時情

要你自己斟酌行

天淵

老来更遇孤辰煞　　　驅馬發動逃外邊

捻有妻子隔雲端

冬官

張弓挨矢歷多年　　　時運不至奈若何

幸逢流年三十九　　　衣頂榮身振山河

魁子

数定姻緣漫沉吟　　　命中注定克妻身

屬雞妻宮難偕老　　　再要必定屬鼠人

題丑

陽錯陰差福不周　妻宮有命也難留

尅去妻宮屬難相　再娶必定是屬牛

禮用

此時官詞須見官　凶多吉少不安然

月令現逢六害煞　不如和解最為先

宜貨

現今八字透財星　不宜安然坐家庭

若是謀畫作買賣　自有貴人來助功

為良

五行四柱定命真　晚菊花開在秋深

三十八上功名達　好似枯木又逢春

遁寅

翠竹青松常相伍　夫妻歡會離別苦

尅去屬難一陣命　再娶必然是屬虎

大賈

片紙輕

下源因

問君現作何業　當鋪以人內大發財

聯變必陽　熙身歐魚

醫峯

此命生来非尋常　富貴功名出人頭

不信但看奇異處　屁股旦上長肉猴

尥邙

喜得相逢恨別離　命中無奈主尥妻

先尥妻宮屬雞相　再娶屬兎必無疑

海市

八字生来坐食神　亥妙至理洩天真

若是時真刻数正　定作魚盐大商人

尥辰

八字生来犯刑沖　刑沖妻宮不相逢

尥去妻宮屬雞相　再娶必定是屬龍

魁巳

陽錯陰差苦難言　屬難妻宮福不全
再要必是屬蛇相　神數早巳定在前

遠方

五行注定有將星　跑馬射箭拉樣弓
運行流年三十七　衣頂榮身振家聲

魁午

前定姻緣非偶然　刑沖尅制妻不安
先尅妻宮屬雞相　再要屬馬是良緣

陰癸

男犯駟馬偷出門　女犯駟馬連夜奔
若不收韁回駟馬　準備辱家敗人倫

八
魁未

命犯刑沖最可傷　原配妻宮不久長
先尅佳人屬雞命　再要必定是屬羊

子宮不成非命無　宅院有傷須早圓

可繼

若能依法忙鎮祭　定有一二拜庭除

此時官詞運未通　用神尅體有災害

為貴

其中有人暗扶彼　只宜求和莫致凶

此命姻婚有奇魁　說來說去枉徒勞

難對

只因撥乱来當職　看是成魁有唉調

君今官詞許吉祥　體尅用神有何妨

默佑

暗中自有吉星照　小人空施計一場

過事時敢作敢為　施恩處虧中吃虧

海瀾

只因度量寬洪大　此小憂愁不皺

寒冬

五行四柱財祿昌　應該經營出外鄉
若問現今何買賣　放賬又帶開粉房

才嗇

罕稀罕稀真罕稀　罕稀當日你要妻
無媒無証無聘禮　却有一頭兩個揩
財來好似江水流　財去飄飄不回頭

大有

人人都說你好過　其定你也狠發愁

九

草田

才高智深學廣博　行醫治病還賣藥
先天神數定得真　早知你是江湖客

邵夫子前定終身神数 上部

性情
此命�糊不听說，性情偏辟多割裂。
不是把高便上梯，跑来跑去常吃跌。

崄
三朝兩日掛娘懷，迎生以内該生災。
鬼門關上点过卯，陰曹地府闖出来。

天元
此命生来福禄荣，定而尋常大不同。
父親應是貢生命，先天算未無移更。

怒心
八字生未性情端，好在人前行方便。
可惜好心去為他，过后反落你不賢。

紅樓
此命好似一枝蓮，清々秀々赛花仙。
吃的不缺穿的有，一世荣花自在安。

改遷
若要論到正時刻　不是填房便后婚

天膳
父親定然是廩膳　衣冠不改旧家風

多寬
小哩說你偏豹大　大的說你向了小

綠窗
此命好似孤根草　東風吹未西風倒

大？小？落不是
看未你是惡水缸

記痕
這几年未運不强　勞々落々过時光

不信但看身上記　須化神符方保生

此是上方左金童　降落久間必大成

女命傷官夫不真　赶的夫主命難存

数推君命甚宏通　不而尋常一樣同

此命好似　看未你是

此命好似孤根草

小哩說你偏豹大

吞

也有食神也有財　當家理事有安排

雖然未在塲中走　不讀書詩女秀才

時

寅申巳亥火命子　父金母土有先宛

正刻

夫君木命方保全　姊妹二三定如此

八字生来苦又孤　衣裳破爛仰人補

零

生前無人叫老子　宛后無人哭丈夫

可望

清秀心公志气高　求名求利不須勞

上

單等吉星未相照　衣頃荣身自逍遥

爽雜

今歲流年口舌多

裡人又被外人唆

烏鵶不住攔頭叫

鵃鳩要奪鳳凰窩

乘俐

聰明伶俐多心巧

就是嘴刁不非尋

行期

此人生無子最可惜

有遲有早最难必

問君几時落塵凡

母親行年四十一

懲期

此命生末貴不真

應該出外住公門

官役

雖然未登龍虎榜

却比齊監強十分

衣服鞋脚好穿新

只要打扮勝別人

逍遙　不種田園不栽桑　憑着一身度時光

虽然無有大買賣　時常却有進財郎

此時莫問病如何　吉字火末凶字多

冐青　家宅六神忙祷祝　防備家中動哭歌

鉄山　從小不把干娘記　庵觀寺院起法名

墻裡栽花墻外紅　一母生下兩母成

此命心高志气雄　不两別人一樣同

葵志　只因將星頭上落　葉文習武耀門庭

枯木欄杆養魚池　身上有病人不知

請祷　如尝带着三分疾　强打精神作事为

雙影
一對鴛鴦往南飛　一个高来一个低
一个飛入閻羅展　撇你獨自守孤悃

安畜
為習手藝度生平　嘗藥辨性分君臣
六畜平安全賴你　可稱名醫十一人

室青
一朵鮮花被火燒　燒末燒去枝葉焦
若不書符化法水　終久成个干血劳

嬌站
这个人兒太無端　說你言語窠難堪
常想搓着臭狗屎　望你頭上堆一秋

反樂
人說你好你苦愁　費心劳力度春秋
頓缸填限頭一个　分粮領賞却都休

四

安
說你無災却有災　強打精神爬起來
除你扑揭一身病　傍人还說你自哉

囍
硯台入命最可傷　夢中尝去赴科塲
凡番朱衣把頭点　硯白攪乱名不揚

嬬繼
八字生辰命運乖　尅夫損子好哀哉
送終必須婴繼子　忍氣吞声哭莫疑猜

貞勝
自來秉性不非凡　只好足踏上風船
有泪偏向背地拭　不去人前告艱难

正刻
時長戌丑未是孤身　父母水火子命金
夫君宜小土木命　方見此刻定的真

長嘆　為問要妾意如何　原望生子使喚多

不料丈夫失主意　枕边言語尝調唆

閨秀　女命生未性情剛　当家理事有主張

若要論到男命上　不脫紫衣狀元郎

充勝　烏蛸要戰真龍位　野雞竟奪鳳凰窝

一片好心隨流水　只落言和意不和

下陳　偏才透露最黑揚　当家理事有度量

雖然而夫為妾小　更比長婦十分強

失便　不該不該又不該　不該水道遺尿未

辱渥夜义朝龍服　剛义尝刺你英孩

一心好強時未末　背地如常淚滿腮

守房
吃穿俱在他人手　眉高眼低不趁懷

鏡破
泪珠濕透淒涼枕　悲声驚起架上雞

一夜愁腸不得睡　吧到天明泪洒～

災外
月令現逢凶惡杀　速向皂君祷吉祥

馹馬發動走四方　音信滅最可傷　絕

流低
破敗二星入命末　惹是招非又破財

六畜不安人口失　急為祭送免悲哀

假雙
一処末々一処生　只望同胞作弟兄

誰知山川多奇路　致落前後兩門庭

五

與晚　此命生未福祿深　越老越覓越精神

虽然也曾費心力　徃后榮花大耍身

未登　此命生未遇吉星　定然折桂步蟾宫

几番夢見朱筆点　硯台攪乱尝落空

才难　一片傷心無處言　除你把脚落自然

背地尝有人嘮念　雖嗶鶯嗽最难堪

難期　濛濛雨未習習風　算你命中有功名

若非勾絞來打混　早有頂戴向身荣

尚空　此命若未問功名　流年喜得遇吉星

命中該是有頂戴　只待花開一樹紅

怒青

休問此病從何得　一口氣兒尅噎了

好似蛤蟆干鼓肚　揣有寃屈不能說

官名

女命生來意氣揚　心灵手巧性情良

主夫定是有頂戴　逍遙自得过時光

改門換戶非尋常

洁職

此命生末最為良

等閑若問功名事　亲職候選縣右堂

乾武

張弓挾矢非等閑　赫赫揚名宇宙間

借問君夫何頂戴　原末是個武生員

萬福

女命生末福禄荣　發旺翁婆助夫奥

手上斜文真富貴　又主伶俐又聰明

六

送子娘〻喜氣迎　送來一对女童花

姦次　天定次弟該為長　落个妹〻过一生

五行四柱犯重妻　提起重妻最可懐

泗魚、命中暗带飛刀煞　隔門怒斬少年妻

孤獨星杀最堪懐　没了靠墙被人欺

饕臣　覆身符法若不用　想前容易悔後遲

此命生來苦在先　家中大小落不賢

前阻　白日燒茶又做飯　穿針紉線坐不安

一為田産二為財　三為旧事不明白

旱儉　你不尋他〻尋你　不開大事不落白

縱九

財官印綬格局清　此命生來慇功名

雖非龍虎榜上客　雜職候選也非輕

鬢翁

誰在瀟湘誰在吳　誰人相貌入圖圖

先天八卦早定就　知你是個羅腮鬍

豪傑

習季拳棒有何益　獲體防身最為奇

數中推算武藝好　可稱人間一教師

姦

盈門有喜好快哉　兩朵鮮花一齊開

同年同月同時降　該為姐々你先來

脊環

此命該是食四方　習季外科最為良

無名腫毒皆能治　还治癰疽疥癩瘡

七

氣傷心傷心又傷心 傷心常懷不如人

千般勞苦都受盡 只落十氣腹內存

回寅 命犯白虎吃子宮 吃的子宮不能成

若得明師來禳祭 方有子宮奉祀終

雙單 兩朵鮮花盆內栽 狂風攏折一朵衰

可憐壽數有長短 雙生反作孤生來

嗣殘 此命生來末末羨然 五官四体都也全

若要論到子息上 算來該是有破殘

俊斗 財官印綬三般全 女命逢之享福田

夫主該是前程命 安享榮花樂自然

八

遠遷　遠路迢迢望夫君　不見父母兄弟人

更有一般傷心處　狗咬子女不能存

回生　此命生來甚是硬　尅夫損子最傷情

命犯三條白裙杀　速依法祭保安寧

回暗　暗宮入命最可憐　明驅暗驅寔難堪

若不依法早鎮祭　必吃大虧惹禍端

晚育　老蜂生珠休嫌晚　寒桃結果喜遲遲

你毋行年四十歲　送子娘娘送你時

穩獸　驟馬牛駿最相關　可惜有病不能言

調治藥餌須用你　掠鼻質角全不全

火魁　四柱生末透財星　應該貨植市井中

若問現身是何業　鐵貨店裡未經營

塌師　興命假貴不可言　迷魂陣上會犀仙

軸掌開元一塊印　人人稱你是宝官

亥出　五行四柱愚藝巧　習季外科也罷了

若要再孝論子平　遊走江湖更是好

翠蒼　旁人都說你享福　神数箅末受熬煎

看你光景是輕閒　你却扒拮不自然

紉火　此命生末遇吉星　荣花富貴非等輕

若是棄文去習武　衣頂如在掌握中

李文
当年錯过好光陰　而今竟自守清貧
萬般生活不趁意　可作江湖裡頭人

前五行四柱最清閑　懶讀詩書不務田
大小買賣皆無志　可作上衙一書班

九快安
四柱生來多勾絞　買賣雖好做不好
这行出未到那行　那行又竟順邊夫

邵夫子前定終身神數　中部

心一堂術數古籍珍本叢刊　星命類　神數系列

二一四

馬鈍　先天神數細推算　四月二十降母宮

楊柳枝上映日紅　丹桂堂前發新容

生在子時五刻中　父母已定早剋刑

諦真　慈母年老春常在　妻子永團福祿隆

人生大樂雙親全　不幸高堂是孤單

早及　慈母屬虎壽年大　嚴父早已歸西天

甲己　辛卯運中事有差　心神不定亂如麻

行動梟神常打絞　早晚福患來到家

人騧　運至丁卯旺家門　光輝照耀喜相臨

寒宿蘊蓄經倫展　遊得泮水發青雲

跌足 金烏西墜玉兔升 蚯蚓方出蟆蟈鳴

灼尋 算君元辰在四月 二十二日母降生

真諦 丑時五刻論雙親 父親已宅歸先陰

紅萬 美貌佳人永偕老 母親壽年高又深

整情 先天神數定的端 堂上雙親福不全

嚴父先去歸陰路 母親屬兔壽延年

赤身裹人衣彩 力氣經脉不同全

若還怀柔風隨化 生子又被鬼未纏

丹桂青松遇寒冬 梅花雪裡益光明

一陽初動十一月 正當初五你降生

寅時五刻好風光　母親延壽歲月長

勢
命中注定該尅父　潤月佳人兩相當

鑒
海棠枭人賽金精　綵獅丹人映山青

五月初二君降体　晚來造化大有成

慈
父母之恩重如山　為人須要孝當先

慈母屬龍春常在　父親不幸赴九泉

音
運至丙辰喜氣洋　洋池得意姓名揚

不員寒窗十年苦　青路雲上有馨香

臺
歲月寒冬梅綻紫　堂前暮景發光榮

暑往寒來十一月　初七之日你降生

大啟　邵時五刻命孤單
　　　數中定就先尅父
　　　　　　　　　　父母有妨不周全

普天　生辰五月初四日
　　　桂子堂前欲吐香
　　　蟠桃果熟更清黃
　　　明朝揷艾是端陽
　　　　　　　　　　妻宮木命方保安

了然　先天神數論端詳
　　　慈母屬蛇壽年永
　　　　　　　　　　壽數雙親有短長
　　　　　　　　　　父親己定命早亡
　　　　　　　　　　明倫堂上姓名揚

連三　丁己運中大發祥
　　　初遊洋水稱秀士
　　　　　　　　　　不員十年苦寒窻

丙辛　庚辰運裡不和諧
　　　家中事体多瑕碎
　　　　　　　　　　口舌是非多招來
　　　　　　　　　　男兒在外也破財

九苞　運交丙午簽清奇　歲月悠了任施為
明倫堂上標姓字　泮水初遊得意時

不分　辰時五刻命不強　泮水初遊得意時
妻與萱堂在臺世　不幸父親病疾亡
榴花開放映日紅　方見此刻無乖張

踏水　五月初六君降世　楊柳枝頭嗣溫風
丙寅運至大亨通　紫花晚景大興隆
　　　　　　　　　　　出入吉星相助迎

聊娛　泮水初遊為秀士　明倫堂上標姓名
人生難得百年安　堂上雙親不用全

非分　慈母屬羊壽年永　父親不幸早歸天

皂　梅花竹影月光明　算君生在十一月　凛凛嚴霜飄朔風　初九之日降母宮

癸　家中人口生疾病　辛巳運中不吉祥　多遭是非惹禍殃　外有官詞及刑傷

奉　己時生在五刻間　八字生辰在命宮　若是此刻妻必在　父亡母存有根源

岩　子午宮相冲十一月　大運一交庚午冲　十一高郊母懷中　不合此數命難言　飀飀寒風鼓仲冬

斳　六高人口多瑞粹　好似行般遇狂風　心忙意乱遭困穷

京順　數定君生十一　元辰節氣正迎寒

午時五刻弟兄多　二十一日落塵凡

堂上雙親有離歌

伊肩　父歸陰曹母在世　妻宮難免見閻羅

丁未運中發好音　門迎五福自天申

梦之　明倫堂上標姓字　喜氣洋二長精神

勝時　榴花開放正崢嶸　惟有葵花向日傾

生辰五月初八日　丹桂堂前子規鳴

澄　運行辛未多留連　梟神五鬼常相纏

大小事體皆不順　十年瑣碎又艱難

四柱由來不一般

天定

昊天罔極父母恩　古今寡有百歲人

屬馬母親壽年永　父親不幸早歸陰

符法

大運一交至辛丑　時逢吉耀展學守

泮池初发姓字揚　不負寒窗攻苦久

決心

一片嚴霜寒氣克　雪花飄飄散滿空

元辰本是十一月　二十三日降母宮

戈辰

未時五刻月轉西　父亡母存壽不齊

妻命水火不相尅　子宮閏月方合期

韮軍

辛丑運中不可言　行止坐臥心不安

句陳吊客來打絞　閉門禍從樣眼鑽

九一

丙戌運裡喜氣深　萬事如意多遂心

窗下學業稱錦秀　鵬飛萬里步青雲

和氣吹動梛枝斜　圍內牡丹盛發花

生辰三月十八日　瑞繞畫堂福滿家

辛亥運中不吉祥　災非口舌不安康

六畜有傷財耗散　大小人丁遭禍硤

丁酉運中喜氣加　芸窗攻苦顯光華

學業一屢遊泮水　龍長頭角虎生牙

風擺竹稍雪飛花　百草零落松栢嘉

數推元辰是何日　臘月初五毫不差

有守　戌時五刻最為良
　　　先天神數算起父　慈母好善在高堂
　　　　　　　　　　　一枕鴛鴦得安康

海浮　三月二十君生日　不遭風雨結果盈
　　　梨花開放粉粧成
　　　　　　　　　　　子母分身喜氣榮

鈌可　生身老母多年壽　父命早歸已泉溪
　　　堂上雙親壽不齊
　　　　　　　　　　　神數詳推是屬雞

戒備　鴛鴦一對望高飛　妻宮屬狗有光輝
　　　陰陽相配皆前定
　　　　　　　　　　　紅絲牽來毫無違

食孤　梅花開放氣迎寒　風送夕陽盼春還
　　　算君元辰在臘月
　　　　　　　　　　　二十九日落塵凡

槐高

桃李芬芳蒲御園
黃鶯綠柳鬧聲喧

生辰三月十四日
南極老人同降兒

失外

先天神數定根源
不幸父親早歸天

慈母屬豬春常在
孀居勤儉治家緣

析疑

戊戌行來多不言
招非惹是生災疾

人口不安六畜傷
事務紛紛冗蝟集

采孚

五行四柱本先天
草木凌霜盡凋殘

亥時生世宙
原是臘月二十三

問君幾時生世宙
二親先有一個亡

詳進

亥時五刻論端詳
二親先有一個亡

命定妻宮不刑尅
父親早已命有傷

注耀　桃杏開花日正長　和風吹動滿園香
　　　神數細推君降日　三月十六生母房
　　　大運來行至丙申　泮池得意喜欣欣

玉明　明倫堂上稱秀士　不負寒窻攻苦勤
　　　先天定數毫不差　誰是百年長光華
　　　父親先去歸泉土　慈母屬狗壽甚誇
肯失　九天寒氣透三冬　雪裡梅花逞嬌容

昔皮　生辰臘月二十五　試看領上秀孤松
　　　子息多寡命有常　先天神數細推詳
立銀　嬌女不能生一子　納妾方五見成郎

松栢不潤草木衰

數定君生在腊月　二十七日降母懷

先天神數定根源　堂上雙親不周全

慈母屬鼠壽年永　嚴父先去歸西天

辛酉運中不吉祥　是非口舌閙門墻

百病纏身心撩亂　晝夜焦勞不安康

庚寅運裡有灾害　行動不安坐不寧

大小謀為不順利　又主破財又主驚

人生惟有孝順嘉　跪乳羔羊反哺鴉

慈妷屬牛享年壽　父親不幸染黃沙

死天

怡然

炳彩

不吊

苦耶

梅花傳信春又來

月坤
先天神數甚吉祥
三星拱照最為良

四柱暗臨復印地
算君該有兩個娘

撥亂臨門是非多
五鬼當職家不和

親生父子成吳越
準陪蕭牆起于戈

塵
世詞三百六十行
行、出個狀元郎

先天神數細雅算
知君買賣在糖房

倫珷
五鬼臨門最可憂
自己兄弟如冤讐

手足情腸全不念
家中口舌鬧不休

宜外
八字流年運不通
是非夾雜有災青

只因撥亂未當職
現今正該謀出行

謹權
四柱巧靈不可誇　一手能以托兩家
公平說買又說賣　郤行程頭作生涯

虎瓜
此命生來情性剛　仗義疏財好四方
算來你在公門走　民壯那末大末歲

糧戒
此命生來最堪誇　東家出來到西家
說難說難成交易　一支集斗作生涯

儒役
八字生來食祿有　老師衙內效奔走
頭戴紅纓身穿袍　人人新你是行斗

冒君
白裙凶煞入命閣　行動生卧心不安
庚末愁忍多奇夢　忽忙鎮送方保全

祈雨　戲水鴛鴦作對行　同宿交頸共和鳴

　　　妻生丙寅年虎屬　爐中火命福自生

大有　己時二刻日近光　萬物各自任芬芳

　　　兄弟三人生世宙　玉景堂前發檳祥

明月　綠水池中戲鴛鴦　野草開花遍地香

　　　妻生屬兔年丁卯　爐中火命福寿長

伸情　午時二刻日當陽　兄弟行中最吉祥

　　　八卦推算論次第　三人排列不成雙

焚香　姓頭蓮花遇春風

丙辰年生福祿大　沙中土命家業興

餘里　未時二刻日映斜　萬物逢祥景色佳

玉堂美景多秀麗　兄弟七人發光華

使人　百年姻緣事若何　鴛鴦交頸戲水波

妻是屬蛇丁己相　沙中土命福祿多

之合　申時二刻蟬聲鳴　九壞四域溫金風

八卦推算兄弟數　三人並列塵埃中

千里姻緣使線牽　配妻屬猴丙申年

詩曰　論命的是山下火

相偕佗儷同處安

配定妻宮是屬龍

企
大運一交兩子中　謀為萬事不甚通
兩子五年無災害　子字五年有禍凶

舍
妻生屬馬丙午相　天河水命百年榮
一對鴛鴦共枕同　並頭蓮花映日紅

炙去
西時二刻日近山　明月將升碧邑天
神數算定兄弟五　兄務紛紛百事有
大運行宮至丁丑　各逞才能治家緣

馬雲
天干丁火尚光明　地支丑土無路走

蓍是
妻是屬羊丁未相　天河水命百年欣
琴瑟相和弄好音　山川草木發青新

大壯

戌�‍脰二刻雷声鳴　　秋深一派入寥空

昆玉行中数宜就　　丑人郁列非等轻

運至丙寅半吉凶　　天干遇火尚光明

戰不

一入地支木不利　　官非口舌大不亭

花词锦透賽芙蓉　　寿似南山不老松

打殺

妻是属雞百両相　　山下火命最興隆

亥特二刻萬物生　　山川草木發光明

成功

昆玉行中有幾個　　数宫两個魚疑更

並頭蓮花最可人　　琴瑟相和情意深

横量

配妻属狗両戌相　　屋上土命百年欣

傷
運入丁卯事少成　官非攪擾口舌生
上五年潤轍得水　下五年龍困沙中
荷花出水有高低

寄跡
子時三刻月平西　剛柔強弱心不齊
兄弟八人分次第

見女
鴛鴦交頸兩團圓　配妻屬豬丁亥年
神數宮命屋上土　相偕伉儷百年歡

郊原
鴛鴦戲水在池邊　雙雙和合躍青蓮
妻是屬虎戊寅相　城頭土命永團圓

秋風
丑時三刻數宮成　兄弟五人喜相迎
雁行排列分奇偶　剛柔強弱各不同

兄弟
大運行宮至丙辰　半過喜兆半驚心
進兩平名利成就　入辰官遭困狼群

使人
一對鴛鴦有宿緣　雙雙和合喜無邊
配妻屬兔巳卯相　城頭土命自相安

竹葉
寅將三刻論命宮　昆玉行中手足情
八卦排列分次第　同胞兩人早著明

遂逐
運行丁巳半吉昌　出入營求少光榮
天干逢丁財利顯　地支遇巳不安康

默祝
一對鴛鴦戲水濱　雙人和好如琴瑟
妻是屬龍戊辰相　大林木命福祿深

裁衣
卯時三刻　數定真
玉景堂前風光好　富貴貧賤各自分
昆玉行申共五人

十五
一對鴛鴦鳴好音　雙之和合在水濵
妻是屬蛇己己相　大林木命喜氣臨

貴之
一對鴛鴦有宿緣　分飛南北共團圓
戊午年生妻屬馬　天上火命永平安
辰時三刻雁南飛　兄弟八人無背違

勝景
綠水青山依然在　同心協力發光輝

之事
大運一交丙午中　也有吉來也有凶
名利雙全遇丙火　災殃禍患在午宮

其人　鴛鴦飛入碧池潭　相應和鳴並團圓

妻是屬羊己未相　天上火命福祿全

不受　己時三刻日近中　和氣藹藹際春風

兄弟八個神數定　智愚賢巧觀富窮

運交丁未不甚通　好似俊鳥蕩入籠

名利通達逢丁火　事情扭捏在未宮

橫掛　交頸鴛鴦池中浮　姻緣配合喜自如

妻是屬猴戊申相　大驛土命慶有餘

伴風　午時三刻日滿盈　草木青青花映紅

八卦推列分次第　兄弟七人志不同

府怒　自古婚姻天配成
妻是屬雞己酉相
夫倡婦隨鸞鳳鳴
大驛土命百年榮

酒館　梨白桃紅撚是春
妻是屬狗戊戌相
鴛鴦戲水在江濱
平地木命喜欣欣

千山　未時三刻日轉酉
玉景堂前風光好
兄弟四人分偶奇
長幼大小各不齊

能害　丙申一運交十年
火運須知財利旺
申金逢之最難堪
有苦有樂有酸甜

徛前　鴛鴦配合非等輕
配妻屬猪己亥相
鴛鳳相交應和鳴
平地木命福自生

申時三刻最吉祥　三隻鴻雁排成行

陶成　兄弟六人分次第　方見此刻無乖張

丁酉一運整十年　前後分明兩字開

訴至　遇丁火萬事如意　逢酉金災害來纏

月老紅綵配姻緣　青松翠栢永團圓

天旱　妻宮屬鼠年庚子　壁上土命福壽全

命中定就兄弟八　玉景堂前福祿周

根大　酉時三刻一代秋　澄泓萬里澈中流

帶雨桃花春色鮮　榔陰深處百鳥喧

秀士　妻生屬牛年辛丑　壁上土命壽祿堅

翠竹梅花兩相依
鴛鴦和好並肩飛

妻是屬虎庚寅相
松柏木命福寿赤

設壇

戌時三刻定的具
鴻雁高飛过江濱

葉茂

兄弟同胞共四個
内外調理各有人

全

運入丙戌不为良
有灾有憂有吉祥

遇兩火逢凶化吉
逢戌土灾患难當

捉之

月老紅絲配姻緣
鴛鴦戲水在清潭

妻是屬兔辛卯相
松柏木命永平安

自圉

亥時三刻定原因
鴻雁高飛在山林

長幼排列分次第
一母同胞共五人

勇闖

運逢丁亥事留連　白連星殺暗來纏
過丁到亥諸事敗　營謀動作不勝前

見一

數定姻緣非偶然　鴛鴦匹配早結前
一妻是屬龍庚辰相　白臘金命福壽全

半夜

子時四刻半夜停　兄弟七人各不同
有剛有柔有強弱　各人立志整門風

叮噹

妻是屬蛇辛巳相　琴瑟相和共羅幃
鴛鴦配對蘆花依　白臘金命壽眉齊

邵夫子前定終身神數　末部

衢廷奇

心一堂術數古籍珍本叢刊 星命類 神數系列

二四四

一

耳墜

子時生人最為良　父母年壽得安康

繞交子時三个子　子時正中父焜揚

子末妻宮難偕老　兄弟二三焜过房

論毋該有三層毋　現有頂戴耀門墻

五官四体貴無咎　父母遺体不自由

先天神数細推筭　知君耳后有一猴

丑時生人刑尅偏　堂上父母不同全

繞交丑時二子命　孤身一个二妻連

丑時正中有頂戴　撥有繼毋也是賢

丑末还該承兩嗣　父有功名奕世傳

面瘤

寅時生人也吉祥　堂上父母保安康

纏交寅時參伺子　兄弟二三有刑傷

寅時正中功名早　三四母層在高堂

寅末定是雙妻命　縱無前程也过房

宋朝美貌屬子都　詩書傳末摅不虛

數定君面有肬瘩　父母遺体竟如何

卯時生人父母安　現今缺少拜孝男

纏交卯時父悬貴　早有頂戴在身边

卯時正中兩層母　兄弟五六不周全

卯末定知妻不少　習孝手藝發財源

二

鼻峯

辰時生人主孤單　一双父母不周全
纔交辰時只一子　父子早定稱鄉宦
辰時正中三妻命　更有繼母在堂前
辰末定作貨商客　揽有弟兄是栢然
休說容顏周不周　父母遺體不自由
先天神數早定就　知君鼻間有一猴
已時生人最為良　父母双全得安康
纔交已時身榮耀　兄弟二三有过房
已時正中两个子　父有頂戴光門墻
已末一子还有妾　現有繼母在高堂

聲

午時生人弟兄多　父母雙全享太和

繾綣午時成名早　妻宮準備鼓盆歌

午時正中六个子　父有功名振山河

午末定是三層母　與家立業快如何

父母遺体不自由　莫管容顏周不周

先天神數早定就　知君眼边有一猴

未時生人是孤根　堂上双親不能存

繾綣未時現無子　早有頂戴大異人

未時正中两个子　必作行商坐賈人

未末定知早納妾　还該一嗣承两門

三

排尊

申時生人弟兄三　　結髮夫妻不團圓

繞爻申時二子命　　父有功名整家緣

申時正中有殘破　　二妻一子是根源

申末必定有繼母　　習孝手藝也光前

鴻雁高飛最為長　　弟兄四個非尋常

神數定就你為長　　友恭各盡自芬芳

酉時生人最照弟　　父母安樂多弟兄

繞爻酉時兩層母　　子息妻宮犯刑冲

酉時正中父照貴　　膝下現有兩兒童

酉末兄弟有高嚴　　祖業根基守不成

排成

戌時生人是孤身　　火父缺娘方為真

繞交戌時有帶破　　現無同衾共枕人

戌時正中双妻命　　早立子宮嗣後昆

戌末父黑真荣耀　　三子去一福禄均

鴻雁高飛过南窓　　兄弟行中最吉祥

數推二人有頭戴　　出類拔萃耀門墻

亥時生人最為奇　　身居荣耀發根基

繞交亥時妻偕老　　子宮兩个父先离

亥時正中兄弟二　　三有过繼不須疑

亥末孤身常遊外　　若無手藝為人役

四

女命子時大吉昌　姊妹四五父母康

纔交子時二子命　父母不全父早亡

子時正中夫必貴　現有三子在身旁

子末該吃二井水　配定夫男是過房

庇塵

此命生來不非輕　原末上方左金童

足下黑点留暗記　須將神符化水中

女命丑時主孤單　兩層父母不周全

纔交丑時命必苦　不作后婚也坐偏

丑時正中三个子　夫有前程享福田

丑末一子夫早死　身有帶破現当然

潛龍

女命寅時父母全　姊妹之數有二三

繞交寅時兩个子　不过中年守孤單

寅時正中少子息　另配夫郎別嫁男

寅末定主夫榮貴　使奴喝婢享自然

九孟詩書爲事功　口誦心惟求貫通

異日身行財旺地　生出官榮振家風

女命卯時享福多　配夫營貴作富婆

繞交卯時一子命　望夫石上動悲歌

卯時正中父先宛　隨娘政嫁任婆婆

卯末孤身無依靠　千辛萬苦受折磨

五

餘元

女命辰時不吉祥　不幸父母有先亡

繞交辰時主孤獨　配夫定然是過房

辰時正中三子命　姊妹二三有刑傷

辰末定知父亡早　只有一子在身旁

此命容顏不甚佳　頭前面後有肐膊

雖然是個小帶破　父母遺體說甚宏

女命巳時福有根　堂上父母壽如春

繞交巳時五個子　夫有前程振家門

巳時正中姊妹二　早有一子喜欣欣

巳末自幼離母去　別家門內長成人

數家

女命午時食祿豊　堂上双親保安寧

繞交午時三个子　姊妹四人有尅刑

午時正中夫焄貴　命中無子取螟蛉

午末四子有过継　晚景嬌居寿不終

赤心耿～整家緣　費心勞力不可言

除你担着千斤担　旁人还説你輕閒

女命未時有刑傷　尅夫損子最难当

繞交未時一子命　定主父在母先亡

未時正中三婚配　必得荣花富貴郎

未末三子該去一　夫妻偕老得安康

牙吳

女命申時享榮花　　配夫过房兩人家

繞交申時父逝早　　姊妹三个最為嘉

申時正中重婚配　　命有三子福無涯

申末丈夫有頂戴　　想穿紬緞又換紗

此命好是一条繩　　居家事業你擁成

有你看到也不黑　　離你寸步不能行

女命酉時福祿深　　父在高堂母欲了

繞交酉時姊妹四　　現有二子方為眞

酉時正中夫亡早　　孀居至今有几春

酉末父在母先逝　　夫名早成是貴人

月把

女命戌時苦零丁　十坤生下兩母成

總爻戌時夫必貴　命有二子大顯榮

戌時正中有姊妹　望門守寡泪盈盈

戌末定知有繼母　膝下現今少兒童

鴻雁高飛过太空　兄弟七人手足情

一母同胞分次弟　各自奮力逞才能

女命亥時父有傷　姊妹三人毋在堂

總爻亥時重婚配　現有二子在身傍

亥時正中夫榮耀　使奴喝婢有餘粮

亥末不幸夫先逝　撫育三子謹守孀

邵夫子前定終身神數（虛白廬藏清寫本） 下卷

中孚

八字生來性情偏　忠厚老誠無曲灣
人托你如托太山　你托人如托雞卵

險安

荊棘叢中赤腳走　虎狼羣中跑出耒
黃連根上長甘草　你真甜從苦上挨

寡助

得地時偏多知已　吃跌処無一相親
只曰你金寒水冷　遇的是負義忘恩

恹土

一自破敗入命耒　費心勞力不聚財
祖業根基難保守　晝夜謀為不趂懷

难救

荊棘叢中曾赤腳　虎狼羣內走一遭
若非吉星暗相照　就是神仙也难逃

女命辰明

心一堂術數古籍珍本叢刊　第二輯書目

編號	書名	作者	提要
178	《星氣(卦)通義(蔣大鴻秘本四十八局圖并打劫法)》《天驚秘訣》合刊	題【清】蔣大鴻 著	江西興國真傳三元風水秘本
179	蔣大鴻嫡傳天心相宅秘訣全圖附陽宅指南等秘書五種	【清】蔣大鴻編訂、【清】汪云吾、劉樂山註	蔣大鴻徒張仲馨秘傳陽宅風水「教科書」！
180	家傳三元地理秘書十三種	【清】章仲山傳、【清】華湛恩	真天宮之秘 千金不易之寶！
181	章仲山門內秘傳《堪輿奇書》附《天心正運》	【清】章仲山傳、【清】華湛恩	秘中秘—玄空挨星真訣公開！字字千金！
182	《挨星金口訣》、《王元極增批補圖七十二葬法訂本》合刊	[民國]王元極	直洩無常派章仲山玄空風水不傳之秘
183—184	《家傳三元古今名墓圖集附謝氏水鉗》《蔣氏三元名墓圖集》合刊	(清)孫景堂、劉樂山、張稼夫	蔣大鴻嫡傳風水宅案、幕講師、蔣大鴻、姜垚等名家多個實例，破禁公開！
185—186	《山洋指迷》足本兩種 附《尋龍歌》(上)(下)	【明】周景一	風水巒頭形家必讀《山洋指迷》足本！
187—196	蔣大鴻嫡傳水龍經注解 附 虛白廬藏珍本水龍經四種(1—10)	【清】蔣大鴻編訂、【清】楊臥雲、汪云吾、劉樂山註	蔣大鴻嫡傳一脈授徒秘笈 希世之寶 附已知最古《水龍經》鈔本等五種稀見《水龍經》足本！千年以來，師師相授之秘旨，破禁公開！完整了解蔣氏嫡派真傳一脈三元理、法、訣！
197	批注地理辨正直解	【清】章仲山	無常派玄空必讀經典未刪改本！
198	《天元五歌闡義》附《元空秘旨》(清刻原本)	【清】章仲山	失傳姚銘三玄空經典重現人間！名家：沈竹礽、王元極推薦！
199	心眼指要(清刻原本)	【清】章仲山	
200	華氏天心正運	【清】華湛恩	
201—202	批注地理辨正再辨直解合編(上)(下)	【清】蔣大鴻原著、【清】章仲山直解、【清】姚銘三再註	
203	章仲山注《玄機賦》《元空秘旨》附《口訣中秘訣》《因象求義》等	【清】章仲山	近三百年來首次公開！章仲山無常派玄空秘密，和盤托出！章仲山注《玄機賦》及章仲山原傳之口訣及筆記
204	章仲山門內真傳《三元九運挨星篇》《運用篇》《挨星定局篇》《口訣篇》等合刊	【清】章仲山、柯遠峰等	
205	章仲山門內真傳《大玄空秘圖訣》《天驚訣》《飛星要訣》《九星斷略》等合刊	【清】章仲山、冬園子等	
206	撼龍經真義	吳師青註	近代香港名家吳師青必讀經典
207	章仲山嫡傳《翻卦挨星圖》《秘鈔元空秘旨》附《秘鈔天元五歌闡義》	【清】章仲山傳、【清】王介如輯	
208	章仲山嫡傳秘鈔《秘圖》《節錄心眼指要》合刊	【清】章仲山	透露章仲山家傳玄空嫡傳學習次弟及關鍵
209	章仲山嫡傳秘鈔《秘圖》《節錄心眼指要》合刊	【清】章仲山	
210	《談氏三元地理濟世淺言》附《打開一條生路》	[民國]談養吾撰	史上首次公開「無常派」下卦起星等挨星秘密之書
211—215	《地理辨正集註》附《六法金鎖秘》《巒頭指迷真詮》《作法雜綴》等(1—5)	【清】尋緣居士／[民國]談養吾撰	了解談氏入世的易學卦德義象思想 集《地理辨正》一百零八家註解大成精華 匯巒頭及蔣氏、湘楚等秘本 史上最大篇幅的《地理辨正》註解
216	三元大玄空地理二宅實驗(足本修正版)	柏雲撰／【民國】尤惜陰(演本法師)、榮	三元玄空無常派必讀經典足本修正版